普通高等教育艺术设计类新形态教材

DESIGN COLOR

(The 2nd Edition)

设计色彩

（第二版）

肖勇 黎丹 主编

中国轻工业出版社

图书在版编目（CIP）数据

设计色彩 / 肖勇，黎丹主编. --2版. --北京：中国轻工业出版社，2024.11. --ISBN 978-7-5184-5135-7

I. J063

中国国家版本馆 CIP 数据核字第 2024L6P051 号

责任编辑：朱利利　　责任终审：劳国强　　设计制作：锋尚设计
策划编辑：王　淳　　责任校对：吴大朋　　责任监印：张京华

出版发行：中国轻工业出版社（北京鲁谷东街5号，邮编：100040）
印　　刷：天津裕同印刷有限公司
经　　销：各地新华书店
版　　次：2024年11月第2版第1次印刷
开　　本：787×1092　1/16　印张：8.25
字　　数：249千字
书　　号：ISBN 978-7-5184-5135-7　定价：58.00元
邮购电话：010-85119873
发行电话：010-85119832　010-85119912
网　　址：http://www.chlip.com.cn
Email：club@chlip.com.cn
版权所有　侵权必究
如发现图书残缺请与我社邮购联系调换
232042J1X201ZBW

PREFACE

前言

习近平总书记在党的二十大报告中指出:"全面建设社会主义现代化国家,必须坚持中国特色社会主义文化发展道路,增强文化自信,围绕举旗帜、聚民心、育新人、兴文化、展形象建设社会主义文化强国,发展面向现代化、面向世界、面向未来的,民族的科学的大众的社会主义文化,激发全民族文化创新创造活力,增强实现中华民族伟大复兴的精神力量。"

设计色彩是中国文化自信的反映形式之一,从党的二十大精神与社会进步的角度来看,新时期的艺术设计要求讲解细致,色彩配置手法与细节处理要符合时代精神,将文化自信融入设计过程中,反复推敲色彩与设计造型的细节,让作品更具实用性,形成文化自信的视觉审美价值观。

在艺术领域,基础理论的研究也占有十分重要的地位,无论从事哪一门类艺术,都需要从基础开始,先懂得其基本特性、把握其基本规律,才能谈得上搞好这门艺术。色彩,是我们感知世界、认知世界最普遍的审美形式,因为它直观,所以最先被人们感觉到。我们的祖先正是从对色彩感受开始了他们的视觉审美。

绘画色彩可以随心所欲地创作,不需要考虑特定的欣赏对象,强调的是个人的感情表达。而设计色彩必须具体反映在包装、服装或特定环境空间的特定产品上,会受到市场、顾客、技术等诸多因素的制约。绘画色彩训练强调写生,追求真实表现自然物。而设计色彩的景物不局限于写生,强调自由想象和创造性表达,并强调创新思维的训练,追求的不是单纯的模仿,而是色彩的有机组织、安排和部署,作品的色彩和表现形式更加面向形式和设计层面的意义。绘画色彩和设计色彩属于两种不同的体系,在设计色彩的教育过程中,要提出与传统绘画色彩学习方法不同的创新理念。

本书采用图文并茂的形式,筛选出现代美术发展历史中著名画家的经典作品与商业设计图,既达到良好的教学效果,又可作为艺术图册欣赏,开阔视野,提高艺术修养。希望本书的出版,对高校艺术设计类专业学生和艺术爱好者系统学习设计色彩知识,有所裨益与启示。

本书自2018年第一版出版发行以来,深受高等院校师生欢迎,根据读者需要,我们对原教材进行了第二版的修订工作。修订内容主要为,更新了部分标志设计案例、调整全书正文结构与内容、增加了色彩设计案例等,还修改了PPT课件、增加了大量设计素材和相关思政内容,全书内容新颖,系统全面,图文并茂,兼顾专业性与普及性。

编者

CONTENTS

目录

第 1 章 设计色彩概述
1.1 色彩的含义与发展 001
1.2 设计色彩的概念及应用 008
1.3 绘画色彩概念 009
1.4 案例解析：绘画色彩与
　　设计色彩 011
● 课后练习 014

第 2 章 设计色彩基础
2.1 色彩基础知识 015
2.2 设计色彩类别 020
2.3 设计色彩的心理效应 028
2.4 案例解析：绘画色彩
　　作品赏析 034
● 课后练习 037

第 3 章 对比与调和
3.1 对比关系 038
3.2 调和关系 047
3.3 案例解析：设计色彩作品赏析 ... 053
● 课后练习 056

第 4 章 设计色彩表现方法
4.1 设计色彩表现形式与方法 057
4.2 色彩解构与重构 064
4.3 服装色彩设计案例 067
● 课后练习 075

第 5 章 设计色彩绘画类别与欣赏

- 5.1 设计色彩静物水粉画 076
- 5.2 设计色彩风景水彩画 084
- 5.3 设计色彩人物马克笔绘画 092
- 5.4 优秀设计色彩绘画作品赏析 097
- ●课后练习 101

第 6 章 设计色彩应用

- 6.1 包装与设计色彩 102
- 6.2 标志与设计色彩 106
- 6.3 广告与设计色彩 109
- 6.4 网页设计与设计色彩 112
- 6.5 室内设计与设计色彩 113
- 6.6 服装设计与设计色彩 119
- 6.7 平面设计与设计色彩 122
- ●课后练习 125

参考文献 126

第1章
设计色彩概述

学习目标：了解色彩基本知识，提高艺术修养，为深入学习设计色彩奠定基础。
识读难度：★★★☆☆
重点概念：设计色彩、绘画色彩、现代设计

章节导读：色彩是光的特性的延伸，色彩是在色光、物体、视觉感官三者形成的复杂关系下产生的。从美术的角度出发，色彩是一门独立的艺术，具有独立的审美性，不同的色彩有着不同的启示作用和暗示力，能够反映画家的内心情感。设计色彩则是在传统色彩基础上的延伸与拓展，是"实用性"艺术（图1-1）。

图1-1：在静物色彩中运用冷暖色彩的碰撞表现静物的亮暗面，从而塑造静物的体积感与层次感。通过画作的颜色、造型表现绘画者的内心感受，抒发绘画者的情绪。

图1-1 静物组合（杨秋萍）

1.1 色彩的含义与发展

人类从原始时期开始有意识地应用色彩，对色彩感知与模仿的历史漫长而深远。

1.1.1 色彩概念

色彩是人们认知世界的光与物象的重要媒介。新石器时代，人们已经能在陶器上看到原始人对简单色彩的运用。在古代中国、印度、埃及、美索不达米亚，颜料被广泛应用在家具、建筑内部、服装、雕像等物的装饰上。早期中国绘画上的色彩主要作为轮廓的修饰，用色简练单纯。而古罗马的墙面、地板上则镶嵌有丰富的色彩。

从文艺复兴时期开始，艺术家们不断探索新的色彩材料。凡·艾克兄弟等人在"油胶粉画法"的基础上进行改进，形成了亚麻油等调制的油画颜料，自此，绘画上的色彩表现手段开始变得丰富。

尽管人类对色彩的应用已有几千年的历史，但独立意义上的科学色彩研究，却是在近代光学研究发展基础上才得以展开的，晚于透视学、艺术解剖学。17世纪60年代，英国物理学家牛顿用三棱镜分解太阳光，经三棱镜折射后，把光分解成红、橙、黄、绿、蓝、靛、紫顺次排列的七色光谱带，说明了色散现象，揭示了物质的颜色是不同颜色的光在物体上有不同反射率和折射率造成的。这一划时代的科学发现，奠定了色彩学研究的科学理论基础。因此，色彩是指波长在380nm～780nm之间的可见光在人类大脑中形成的色彩印象和判断，即色彩是可见光作用于眼睛的产物。

色彩写生是画家在创作过程中收集素材的重要手段，也是学习绘画过程中不可缺少的一部分。通过色彩写生，可以培养对事物敏锐的观察力和感受力，通过观察和描绘物体的色彩变化，能够更好地理解物体的形态和空间结构。在色彩写生的过程中，画家需要不断地尝试和调整色彩的运用，找到最适合的表现方式（图1-2）。

图1-2 徽派建筑写生

图1-2：色彩写生是作为初学者认识色彩的入门课程，主要解决画者对客观对象的色彩判断与科学表现。

1.1.2 色彩语言

绘画的作品语言是指用构成画面来传达特定的思想感情与精神内涵的表达方式，有形、光、色、线、体积、明暗、空间、构图等表现手段。

色彩语言涵盖了色彩学的基本理论、色彩造型、色彩表现等基本手段和规律。色彩语言的研究综合了色彩学、心理学、美学等多方面的成果，它不仅扩展了绘画色彩的表现领域，更推动了绘画、装饰、设计等诸多领域的进步。

在现代社会，由于文化生活以及社会交往的不断发展，色彩语言的理解和应用已成为现代人文化修养

★补充要点

色彩三原色、三间色、三要素、三配色（图1-3）

（1）色彩三原色：通常说的三原色是指光学三原色和颜料三原色。物理光学上的三原色是指红、绿、蓝；颜料中的三原色是指红、黄、蓝（见第4章图4-2）。

（2）色彩三间色：红、黄、蓝三原色配合出来的颜色，如，红+黄=橙、黄+蓝=绿、红+蓝=紫，那么橙、

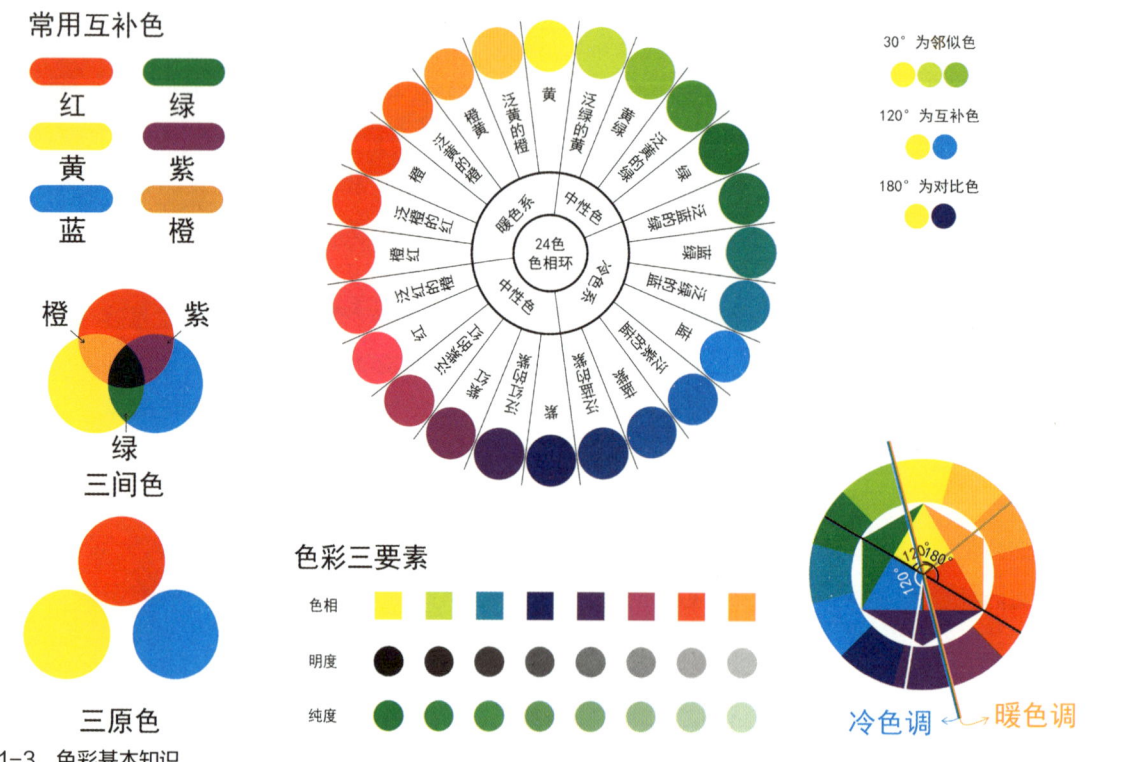

图1-3 色彩基本知识

图1-3：此图表述了色彩的关联与种类，从而可推理出色彩的特性，将色彩运用于各项设计中。

绿、紫就是三原色相混所得的三间色。

（3）色彩三要素：每一种色彩都同时具有三种基本属性，即色相（色调）、纯度（饱和度、彩度）、明度。色相是指色彩的相貌，是区分色彩的主要依据。纯度是指色彩的鲜浊程度。明度是指颜色的深浅程度，或黑白模式下物体含白色和黑色的多少，是表明色彩层次感的基础（见第2章）。

（4）色彩三配色：对比、互补、邻近。对比色是指24色相环中某一颜色180°对立面的另一色；互补色是指24色相环中某一颜色夹角120°左右对应的某两个颜色；邻近色是指24色相环中某一颜色的旁边相邻（30°以内）两种颜色（见第3章3.1）。

的重要组成部分。无论是绘画的制作还是欣赏，或者是摄影、摄像、电视、服装、家具、室内布置等其他文化艺术生活的选择和使用，都离不开相应的色彩知识，学习和掌握色彩知识已经成为人们日常工作和生活中的一种需要（图1-4）。

（a）服装搭配　　　　　　　　　　　　（b）室内色彩设计

图1-4　色彩应用

图1-4（a）：服装搭配主要指款式、颜色等方面相协调，整体上达到大方，得体的效果。
图1-4（b）：室内的色彩搭配不仅仅起到装饰房屋的效果，同时能够从颜色的搭配中看到业主的喜好与品位。

★补充要点

主观色彩

与绘画色彩相比，设计色彩更强调对色彩的主观感受，有更多的个人表现性质。如：一幅画的创作必然要到生活中写生，搜集素材，把这些写生得来的素材整理成创作，必然要从创作的目的出发，对造型、色彩等进行主观的变化，突出创作主题。毕加索的很多作品都反映了强烈的个人主观色彩的变迁，凡·高、高更等后期印象派的作品也充满了具体鲜明个性的主观色彩倾向。而德国表现主义更是将主观色彩的内涵发挥得淋漓尽致。主观色彩更具抽象意味，需要逃开具体物象进行联想，从而产生艺术上的共鸣。

1.1.3 设计色彩的地位与发展趋势

1. 设计色彩的价值

现代设计已经从造型时代演变为色彩主导设计的时代。色彩在现代艺术设计中扮演着至关重要的角色，它能够使人产生丰富的联想和强烈的感性认识。色彩不再仅仅是一种简单的装饰元素，而是成为了人类心灵和情感的投射，满足人们的精神需求。

色彩在现代艺术设计中的地位越来越重要，它不仅是产品设计的关键组成部分，更是满足人们审美需求和文化品位的重要手段。色彩的设计与运用需要加大研究力度和深度，把握色彩运用的发展趋势与特征，以确保在竞争激烈的市场中立于不败之地。

科学实验证明，人类有80%的外部信息是通过眼睛获取的。在众多的设计元素中，色彩无疑是最为引人注目的元素之一，它具有一种无与伦比的魅力，能够瞬间吸引人们的目光，让人产生深刻的印象。

对于产品的外形接受是身心体验后对技术、功能的认可，而对于色彩的选择则完全出于本能与直觉，是感性的。机能相同、外形相同的一件产品，如果颜色不同，极有可能带来畅销和滞销的差别（图1-5）。

（1）色彩具有强大的艺术感召力。其先"色"夺人的特性令人印象深刻，色彩作用于人的视觉器官，形成信息并引导认知。色彩和明暗关系能够帮助人们认识世界、改造世界。人们几乎无法忽视色彩的存在，因为人的视觉对色彩具有特殊的敏感性，其所产生的美感魅力往往更直接、强烈。

（2）色彩是情感与文化的象征。色彩在装饰活动中被赋予了特殊的象征意义，这使得其在无实际意义的情况下，也能引发人们的情感共鸣。色彩不仅在产品设计中发挥着审美和装饰作用，而且作为一种符号和象征，传达着丰富的文化内涵。

色彩所引起的心理反应，有些是人们长期生活实践中自然形成的印象，有些则带有强烈的社会文化烙印（图1-6）。色彩的审美观念深受社会文化因素的影响，文化体系、政治结构、风俗习惯，以及广受公众瞩目的各种事件，都在塑造人们对色彩的偏好。色彩是社会状态的反映，能够蕴含道德、思想、信仰等深层意义，其审美价值在很大程度上是由其与社会文化之间的互动所决定的。

（3）色彩体现商业价值。色彩作为一种迅速、强力且具有高度吸引力的交流媒介，能够在瞬间吸引观众的目光。在色彩学的领域内，存在一种被称作"七秒钟色彩理论"的理论，它指出人们对于物品的初步感知仅需七秒，并且这种感知在很大程度上是由

图1-5 琳琅满目的商品

图1-5：一件产品之所以引人注目，色彩起着比外形更强、更直接的作用。

图1-6 人民大会堂

图1-6：在中国，红色不但是一种极为重要的色彩，表达了庄重、喜庆、吉祥等气氛，对其他大部分国家的人民来说红色也都是很重要的颜色。

色彩所决定的。因此，可以有效运用色彩，引起消费者的关注，引导消费者购买产品。现在，很多公司都开始成立专门的色彩研究所，通过色彩研究，细分市场，挖掘新的市场空间等，以便把握消费者，占领市场，促进竞争。

2. 设计色彩运用的发展趋势

色彩的历史演变充分体现了人类对色彩的深厚迷恋以及设计色彩理念的持续更新。在21世纪，色彩已经成为设计中的重要元素之一，与其他设计形式的语言一样，兼具审美和实用功能。

> ★补充要点
>
> **色彩感觉与文化**
>
> 色彩作为一种极具表现力的艺术语言，沟通画者内心世界与自然景观。在绘画创作中，色彩不仅是自然物象的直接反映，更是画者情感与意图的载体。色彩的应用，涵盖了写实与装饰，情绪与意象等多个维度，反映了画者对自然界的理解及个人情感的传递。
>
> 色彩的表现形式通常分为：写实性色彩，追求对自然界的真实再现，其目的是传递一种客观存在的事实感。画者通过精确的色彩匹配，将自然界的景象如实地展现于画布上。装饰性色彩，利用高纯度的色彩和强烈的色彩对比，按照一定的秩序排列形成规范的色块，创造出装饰性的美感。这种色彩运用，常常脱离了色彩原有的自然属性，更强调色彩自身的美感和秩序感。情绪性色彩，强调色彩本身的力量，画者通过色彩来表达情绪，而形体的细节、明暗的对比都成为色彩感受的陪衬。这种色彩表现方式，要求画者深入挖掘色彩背后的情感含义，通过色彩的浓淡、冷暖来表达情绪的波动。意象性色彩，是画者主观意念的体现，自然界的色彩仅作为画者的灵感来源，用色彩揭示物象的精神内涵，使画面呈现出一种主观、自由、充满意象的色彩组织形式。

（1）多彩化设计趋势。在设计领域，形态与功能通常被视为产品设计的核心要素，而色彩的运用则常被视为次要的。这种做法在历史上一直占据主导地位，导致色彩的选择往往显得单一。然而，随着社会的不断进步和科技的快速发展，人们对色彩的需求和期望也在不断演变。设计界逐渐意识到，丰富多彩的色彩运用不仅能满足更广泛的消费群体，包括不同社会阶层、年龄段和性别的人，还能够迎合人们日益增长的色彩生理和心理需求（图1-7）。

（a）吸尘器

（b）吹风机

图1-7 产品色彩设计

图1-7（a）：松下产的吸尘器系列产品，正面运用多彩的艳丽色与底部的黑色或灰色形成对比和调和的视觉效应，既活泼又时尚，有强烈的生活感，获得良好的销售效果。

图1-7（b）：戴森产的电吹风、理发器、剃毛器等产品，根据不同的色彩定位进行设计，使这些产品系列既有多种色光的雅色系列，又有生动活泼的艳色系列，适合年轻男女一族的色彩需求。

（2）简约化设计趋势。在平面设计领域，色彩的应用通常使用"以少用多"的艺术手法，体现设计的精妙与智慧。色彩的选择与搭配要能直观地传达设计者的意图，简洁而不失其深意。明快、醒目的色彩不仅有助于营造作品所需的特定氛围，还能够激发观者的视觉感官，留下生动、新鲜、充满活力的印象，从而促进受众进行更为丰富的联想（图1-8）。

（3）人性化设计趋势。色彩与审美主体间具有密切联系。色彩的内涵主要体现在象征性上。在不同的色彩语境中，人们会产生各式各样的感性认知、联想以及象征意义，这些均源于色彩所引发的心理学与生理学效应。（图1-9）。

当色彩的物理属性与审美主体的心理作用相结合时，色彩便在人们眼中呈现出动态和立体感，不再是单一的和平面的。它们具有冷暖、轻重、前进和后退、鲜艳和朴素等特性，这使得色彩成为艺术设计中最为积极和最具表现力的手段之一，同时在空间设计中扮演着至关重要的角色（图1-10）。

（a）标志设计　　　　　　　（b）书籍装帧设计

图1-8　平面设计

图1-8（a）：用跳跃的色彩、易识别的形象和简单的造型作为标志最直观的语言。
图1-8（b）：书籍设计色彩语言表达要具有一致性，注意发挥色彩的视觉作用。色彩是最容易打动读者的书籍设计语言，虽然个人对色彩的感觉有差异，但对色彩的感官认识是共通的。

图1-9　室内设计　　　　**图1-10　景观设计**

图1-9：儿童房一般在室内装饰用色上都会选择红、蓝这样比较符合儿童天真烂漫与活泼性格的颜色。
图1-10：室外景观设计不仅是植物造型的塑造，同时也要注重植物颜色的选择要与大环境相融合。

> ★补充要点
>
> ### 设计色彩与人性化
>
> 色彩的运用不仅要考虑配色方案、风格定位以及功能需求,还必须深入研究色彩给人造成的视觉感受,以及用户的品位、身份、生活习惯和色彩偏好。这一系列因素的综合考量,是为了实现色彩的合理选择、精细分析和优化配置,以达到最佳的设计效果。
>
> 在设计狭小空间时,设计师往往倾向于使用浅色调,能够产生清晰、宁静、轻松的感觉,同时也有助于空间的视觉扩大。特别是将顶面以浅色调处理,不仅能够避免给人以压抑的沉闷感,还能有效利用自然光照,提升室内空间照明。在设计宽敞的空间时,运用中性灰度色调来处理墙面,尽管色彩饱和度较低,却能够产生一定的视觉收缩效果,缓解因空间过大而产生的心理空旷感。
>
> 色彩的协调与对比关系的处理,是营造室内环境气氛的核心。恰当的色彩处理不仅能够反映使用者和设计者的个性和喜好,还能够促进情感的个性化表达,使得室内空间效果达到最佳,实现设计与使用价值的完美结合。

(4)情感化设计趋势。我们生活的这个空间可以说是色彩的空间。随着人们对美的追求不断深入,色彩在设计领域的价值被日益发掘和利用。色彩逐渐成为设计师用来诠释事物、塑造形象和表达情感的重要工具。表现在时尚界,服装色彩往往象征着一个时代(图1-11)。作为时间和空间艺术的服装,它的美是运动的、发展的,它需要创造,需要推陈出新,这正是时代特征所具有的面貌。

图1-11 服装设计

图1-11:服装的色彩变化是设计中最醒目的部分,同时也是最容易表达设计情怀的地方。不同的服饰色彩给人以不同的心理感受,如沉静的蓝、圣洁的白、高贵的黄和坚硬的黑。

1.2 设计色彩的概念及应用

色彩的应用在日常生活中极为常见，涵盖了产品设计、室内装饰、平面设计等领域。它不仅关注生活本身，更赋予人们以精神的愉悦。因此，恰当且协调地使用色彩，是产品成功占据市场的关键所在。

1.2.1 基本概念

设计色彩是指设计过程中，针对特定目标、环境，运用色彩创造性地解决问题，并增加设计对象的吸引力。它秉承了传统绘画性色彩的艺术精华，将造型基础训练有机地同专业设计联系起来，成为相对独立的基础课。它是艺术设计专业一门基础课程，对现代艺术设计专业，如广告、插图、标志、设计、建筑外观、服装设计有着重要作用。如果说传统绘画性色彩是为"纯艺术"服务的，那设计色彩就是为"实用美术"服务的（图1-12）。

1.2.2 设计色彩的特点与应用

1. 现代设计的各项结合

现代设计是一种结合了艺术与科学，理性与形象，技术与艺术等多种元素的独特体系。这种结合，使得设计中的艺术因素不再仅仅是艺术，而是成为科学、技术以及功能相结合的技术美学范畴。

设计中的艺术问题并非只是简单的装饰或美化，不是简单地通过艺术手段来提升对象的价值就能称之为完美设计。设计色彩的本质，在于功能与审美的完美结合，以满足人类物质与精神的需求。因此，设计色彩从传统的绘画形式独立出来，成为一种具有特定含义和强烈指向性的设计基础训练方式。

2. 设计色彩应用广泛

设计色彩的应用范畴广泛，涵盖了工业产品造型、平面设计、环境艺术、服装设计、染织设计、书籍装帧、商业广告、包装设计、装饰工艺、电脑动画、摄影、雕塑以及建筑等多个领域。

设计色彩作为一种艺术形式的基础训练手段，具有其独特的风格和特色。在它的进步和完善过程中，不仅受到西方美学观念的影响，也融入了我国传统美学的精髓。设计色彩在呈现方式上，并非是真实地复制自然，而是通过对自然形态的分析，探索，抓住其核心特征，然后超越客体的外在表现形式，达到主动性的认识与创造。

3. 将设计色彩分离

1919年德国包豪斯设计学院成立，首次将色彩的理念与应用从传统色彩概念中独立出来（图1-13）。

图1-12　静物主题设计色彩

图1-12：设计色彩在绘画写生色彩的基础上通过高度概括、提炼、归纳等手段，夸张变化地表现出来。

图1-13 设计色彩

图1-13：将素描和色彩分离之后冠以"设计"二字，确立了"设计素描""设计色彩"的名词与概念。

1.3 绘画色彩概念

绘画色彩是艺术家表达情感与意境的重要手段。通过了解色彩的基本原理，掌握色彩搭配、渐变、层次和对比等技巧，可以更好地运用色彩，创作出具有独特艺术魅力的设计作品。

1.3.1 绘画色彩的含义

绘画色彩，是借助色彩规律对现实世界进行时序、空间布局以及抽象理念与情绪表达的必要手段，主要通过在创作中对静态物体、自然景观或人物形象的表面特征进行深入思考与分析，实现作品的提升：

（1）通过色光写生，研究物象的固有色、光源色、环境色及其相互关系；

（2）色彩的表现内容多是具体的、客观的；

（3）艺术风格多建立在具体形象的基础上，其形象生动、色彩丰富、造型美观，属于视觉艺术范畴；

（4）艺术价值在于观赏和收藏，具有陶冶情操和教育感化的作用。

绘画的色彩运用不仅深入探索了物体在光照射下展示出的丰富色调，同时也解析了物体色、环境色、光源色之间错综复杂的相互关系及其变化规律，成为表达思想感情的艺术手法，并陶冶观者情操（图1-14）。

我国古人很早就开始研究色彩的运用，其传统绘画在色彩的运用与发展上自成体系，有其特定的法则与演变路线。中国画在追求"随类赋彩"的同时，亦将空间环境对于物象色彩的影响放在了重要的位置。

图1-14 塞尚作品

图1-14：在传统油画技法中，色彩的影响力是极为显著的，画家可以凭借理解、想象来充分地表达自己的感受，以显露其自身的魅力和美感。

空间环境与光源色的每一点变化，都能引起物象色彩的微妙更迭，这种色彩间的相互作用与影响，正是绘画艺术中的一大魅力所在（图1-15）。

1.3.2 绘画色彩的意义

1. 色彩造型的需要

素描是构建色彩画面的基石，色彩造型则通过色彩微妙的差别和渐进变化来塑造全新的视觉形象。在此过程中，设计师对色彩的敏感度以及对其纯度、明度、色相的观察和表现能力至关重要。设计师需善于掌握并运用这些知识，才能在实际应用中展现色彩的无限魅力。

2. 精神诉求的需要

绘画，既是色彩的意象思维，也属于色彩再现形象思维，从根本上来说，属于客观再现思维。因此，在绘画色彩的学习中，首先应着重培养形象思维和直觉思维能力，初步掌握绘画色彩的客观理论，并具备表现客观物象的能力。

然而，这仅仅是开始，是绘画色彩的感性阶段。对客观色彩的观察和表现，都属于感性色彩的范畴，缺乏更多的想象力和情感的投入。因此，还必须加大对创造力、想象力的培养力度，要有个人情感的真实融入。只有这样，绘画色彩才能迈向更高的层次。

一幅作品，无论是绘画作品、设计作品、文学作品或影视作品，都需要用心灵去感受，用情感去磨砺。触动人心，激起情感波澜，引发灵魂深处的共鸣，这就是艺术创作者的使命（图1-16）。

1.3.3 绘画色彩与设计色彩的区别

绘画色彩是艺术家观察到的自然现象的直接反映，通过技巧，让这些色彩得以在画布上重现。而在设计领域，色彩的运用则更加注重目的性、计划性和创造性，设计师从看到的色彩中筛选出符合设计主题的色彩，对其进行梳理、提炼和变化，以达到特定的视觉效果和传达明确的信息。绘画色彩是以光照作用下产生的色彩变化为主，对表现物体瞬间引起变化的色彩进行敏锐的捕捉，真实地再现自然物象，绘画者的科学认识与观察是表现写生色彩的正确方式（图1-17）。

图1-15 齐白石作品

图1-15：中国画和油画在色彩运用和对色彩的感受上是有所区别的。中国传统的绘画是以墨调色，在薄与厚、深与浅等多种矛盾体中求得视觉上的最终统一。这与西方绘画以油色烘染出的立体感、明暗透视等有较大的差异。

图1-16 花卉油画

图1-16：绘画和音乐一样，都具有鼓舞和教育作用。但绘画重精神追求，它是通过表象的加工使其再现，更富有自身象征意义。

设计色彩则以绘画写生色彩为基础，根据设计专业的特点和要求，运用色彩归纳、概括、提炼等手段，表现物体之空间。将设计色彩与绘画色彩进行比较时，很容易发现设计色彩拥有其独特的语言表达形式。设计色彩的写生，一方面需要关注对客观物象的观察与认识，以科学的角度去理解自然光色的变化；另一方面，也需要强调个人主观感受的重要性，不拘泥于三维空间的限制，在艺术风格上实现多元化和个性化（图1-18）。

图1-17　绘画色彩　　　　　　　　　　　　　　图1-18　设计色彩

图1-17：绘画色彩重在表现自然物象及绘画者的情感，想表现这些内容，就需要了解色彩现象的成因和表现色彩的绘画技巧。
图1-18：设计色彩更注重和强调物象的形式美以及色彩的对比协调关系，培养设计者表现色彩的能力。

1.4　案例解析：绘画色彩与设计色彩

设计色彩作为绘画写生色彩与设计用色之间的纽带，其核心宗旨在于培养创新思维和艺术表现力。深入探索设计色彩的表现技巧，不仅是艺术设计领域者必须经历的一个阶段，更是他们在艺术道路上精进的必修课（图1-19~图1-24）。

图1-19：作为一位杰出的色彩运用大师，西斯莱对于色彩的感知十分敏锐，他的画笔轻盈跳跃，色彩运用自如，尤其擅长利用细腻的色彩搭配，勾勒出充满诗意的自然风光。为了增强色彩的饱和度与画面亮度，西斯莱直接将未混合的颜料并排放置，观众在适当的距离观看，让眼睛自然而然完成色彩的混合，从而使画面呈现出多样而丰富的色彩层次。

图1-19　西斯莱绘画作品

- 画面节奏变化，色彩关系明确，很好地描绘出了古镇街道的一角。

- 土墙与木窗、木门之间的颜色掌握得当，既融合又有明确的分界。

- 灯笼的红色经过调和，既鲜艳又不突兀。

- 地面铺装的色彩很好地融合了环境色，体现出光与影的变化。

图1-20　古镇街道风景

- 场景画面非常丰富，充满着奇思妙想，还有温暖人心的气氛，犹如清风吹来。

- 用精湛的画艺和新颖的色彩，描绘出女孩与大自然和谐相处，相互依存。

- 场景用水彩和彩色铅笔渲染，低饱和色彩，视觉上给人一种惬意的感觉。

图1-21　薇薇安·米纳克插画作品

- 结构的设计和色彩都带有浓浓的欧美复古气息,给人一种特殊的魔力效果,画面的独特氛围也深受人们喜爱。

- 从高饱和度到低饱和度,画面的空间纵深感自然被拉伸,近景实而远景虚。

- 人物与环境色彩倾向的反差产生了极大的视觉冲击力,令人一眼就将视线集中在人物上,成为画面的视觉中心。

图1-22 茱莉娅·萨达插画作品

- 画面中各建筑的排线细腻,纹理清晰分明,场景的细节表现十分丰富。

- 插画中的配景琐碎细小,但是刻画深入,与主题风格形成呼应。

- 人物姿态比较柔和,角色圆润。两位主角位于画面中央偏下,均衡构图,让画面感显得更加和谐。

图1-23 克莱奥尼克·希尔萨卡插画作品

背景画风简洁，色彩干净，具有清淡的感觉，能反映出场景的平静气氛。

细腻的五官表情、动作，与画面情节形成对比，刻意表现出主角人物失落、沉思的特征，拓展观众对原创作品的想象力。

场景中各种椅子的矛盾表达，表达出画家想象力丰富的创意，笔触精致细腻，画风舒服柔美。

图1-24 许智差插画作品

本章小结：

在正式进行设计色彩创作之前，必须深入了解色彩学中那些核心概念与术语。色彩，不仅是形态补充，还是一种独立且强有力的信息传递媒介，也是吸引观众目光的重要设计因素。只有对色彩的基础理论有深刻的理解，才能领悟并运用色彩搭配的内在规律，使之成为设计作品中的亮点。

● **课后练习**

1. 新石器时代人类运用什么材料制作颜料？
2. 简述设计色彩与绘画色彩的区别。
3. 如何通过色彩表达自身的情感？可使用什么颜色表达不同情绪？
4. 如何通过色彩表达我们所看到的美景？
5. 请收集10例产品配色设计，并分析其色彩搭配特点。
6. 收集中国画与油画色彩作品，并简要分析其不同点（作业数量：1份）。将收集到的案例及图片整合成PPT形式，进行展示分享（建议完成课时：2课时）。
7. 我国国旗以红色、黄色配色为主，请查阅相关资料思考其配色由来与意义。

第2章
设计色彩基础

学习目标：提高对色彩的观察、理解、归纳与表达能力；运用色彩语言去再现物体，表达思想感情。

识读难度：★★★☆☆

重点概念：色彩基础、分类、心理效应

章节导读： 巧妙运用色彩搭配，能够缔造千变万化的视觉盛宴。科学研究表明，人脑神经对色彩的感应速度远远超越了对其他感官刺激的反应。这样的发现，充分说明在我们观察世界时，色彩是最能让我们敏感的元素（图2-1）。

图2-1：该作品整幅使用点状描绘太阳升起时的状态。在太阳出现的区域由红色过渡到浅黄色，体现太阳照射时的光束，并使用白色进行高光点缀。太阳还未照射的地方运用冷色调进行表达，并使用黑色点缀作为暗面表达。

图2-1 晨光

2.1 色彩基础知识

好的色彩运用能表现出不一样的视觉效果，色彩能给人非常深刻的记忆。我们的大脑神经对色彩的反应最快。心理学研究表明，人类的双眼在观察物体时，最初的20秒内，对色彩的感知占80%，对形状占20%。2分钟后色彩感知占60%，形状占40%。这充分说明了色彩在我们观察物体时的重要性。

2.1.1 光源色、固有色与环境色

1. 光源色

光源发出的光所形成的颜色，称为光源色。生活中的光源主要是自然光和人造光，自然光是指阳光，人造光是灯光、烛光等。物体处在不同色光的包围下，影响和改变着物体的色彩，使物体呈现出比物体固有色更丰富细腻的色彩变化。

当光线照射各种物体时，这些物体将光线反射、散射或吸收，因为结构不同，所以产生的质感和效果各有所异。我们的眼睛，如同精密的感光仪器，捕捉到这些经过物体作用后的光线，并将图像信息传递给大脑。大脑则对这些信息进行解析，生成我们所看到的颜色。

在某一特定光源的照射下，即使是同一物体，也会因光线物体相互作用的方式不同，展现出迥异的色泽。例如，一支铅笔在直射阳光下的阴影中呈现出一种颜色，而在透过窗帘的柔光下，它可能显得更为柔和、温暖。同理，在晨曦的柔和光泽中，景物会被赋予一层淡淡的粉色光晕，而在夕阳的余晖中，它们可能被染上橙黄的温暖色彩（图2-2）。

2. 固有色

固有色指物体在常态光源下呈现的色彩，即物体本身具有的稳定色彩特征，如蓝天、红花、绿叶等。人们之所以将其称为固有色，是基于我们对概念和经验的认知。在未能深入了解色彩的光学原理之前，误以为物体本身具有某种固定不变的色泽，这种认知显然是不确切的。如果在色彩写生中仅仅描绘出物体的

简单固有色,那么无法准确传达出对象的色彩丰富性(图2-3)。

3. 环境色

环境色是指周边环境色彩对物体自身色彩的渲染与影响。每一个物体都不是孤立的存在,它们的色彩彼此之间相互作用,相互组合,互相构成环境色。

环境色的魅力主要体现在物体暗部,在某些特定情况下,物体亮部的某些朝向也可能受到周边环境强反射色光的影响,产生意想不到的变化。

光源色、固有色、环境色三者对物体色彩的决定程度也因条件变化而变化(图2-4)。

(a)朝阳

(b)夕阳

图2-2 朝、夕阳下的景物

图2-2(a):朝阳呈现出来的是冷色。
图2-2(b):夕阳景观色彩绚丽,变化多端,颜色多呈深黄、殷红。

图2-3 水粉画中变化丰富的水果

图2-4 逆光下的景色

图2-3:在一个物体上,其亮部的中间层次呈现固有色彩越多,那么最亮层次上的固有色被光源色作的改变越多。
图2-4:从逆光的角度观察对象,由于受光面极少,尤其在强逆光下,物体的固有色多呈现在其暗部的中间调子上。

> ★ 补充要点
>
> **如何观察色彩**
>
> 1. 把握色彩主调。在作画观察时，要迅速敏锐地抓住对象色彩总的倾向，确定基调，然后再一步步分析和研究局部的色彩关系。
> 2. 搞清形体色彩的冷暖倾向。冷暖是一个物理体验，色彩的冷暖是人对色彩产生冷或暖的联想而形成的心理体验。对各种复杂的色彩，如能辨别出它的冷暖倾向，就能准确地表现出对象的色彩感受。
> 3. 注意形体色彩的明暗变化。观察时不仅要注意色彩的色相、冷暖变化，同时要分析每一个色块的明度层次，用严谨的素描观建立起一幅作品基本的构架。
> 4. 处理好色彩的整体与局部关系。使各物象色彩和谐地统一于总的基调中，形成画面的色彩秩序。
> 5. 比较地看。准确的色调是比较出来的，比较是为了鉴别色与色之间的差异，而这些差异又必然统一在一个整体中。色彩的比较，主要是分析相近似的色彩关系，区别它们之间细微的色彩倾向。

2.1.2 色彩名词

色彩是通过颜色关系的秩序与互动而形成的关系与效果。在色彩学领域内，色光的结合被称作加色混合，指红、绿、蓝色光三原色的混合。这种混合方式的特点是，色光相加会使得亮度增加，而这三种色光按不同比例的组合，能够产生自然界中观察到的各种颜色。当这三种色光以等比例相混合时，结果是白光。

另一种混合方式称作减色混合，指的是颜料的混合。在这种混合模式中，红、黄、蓝被视为三原色。通过这些原色不同比例的混合，可以产生其他的颜色，而这些原色又无法通过其他颜色的混合直接得到。当这三种原色以相等比例混合时，得到的颜色趋近于黑色。

1. 原色、间色、复色

原色、间色与复色是按照颜色可否调配或调配程度进行划分的（图2-5）。

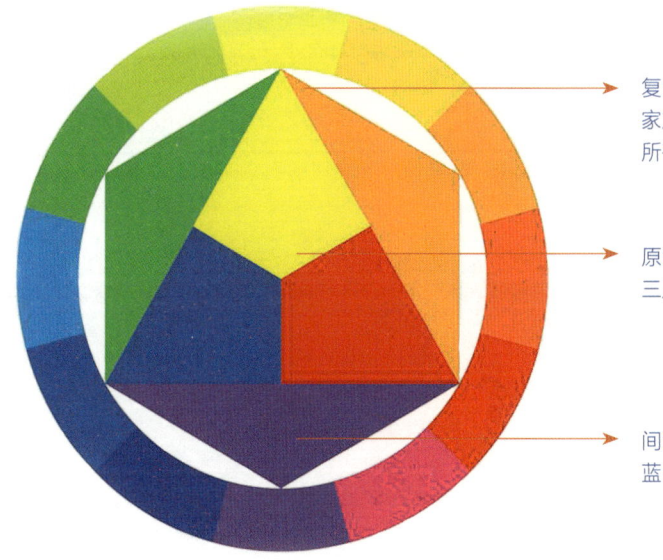

复色也被称为"三次色"或"再间色"，复色是最丰富的色彩家族，千变万化，丰富异常，复色包括了除原色和间色以外的所有颜色。

原色分为色彩三原色与色光三原色，这里的三原色指的是色彩三原色。

间色常被称为"第二次色"，颜料三原色是品红、柠檬黄、湖蓝，两种原色相混得到的是间色，如红色+黄色=橙色。

图2-5　颜料的三原色

（1）原色。红、黄、蓝三种颜色无法用其他任何颜色调配而成，故称为原色。

（2）间色。指两个原色相混合所产生的颜色：如橙、绿、紫（红+黄=橙、黄+蓝=绿、红+蓝=紫）。

（3）复色。复色是由三种原色或两种间色按不同比例混合调配出来的各种不同颜色。如蓝灰、黄灰、绿灰等。

2. 对比色与互补色

对比色指两个颜色的冷暖关系完全相反，并列一起时会产生相互对比的作用，处于24色环中180°的两色为对比色。如红与绿、黄与紫、蓝与橙是三对最基本的对比色。

互补色指两个颜色在色相环中为补充关系。在24色环中，选择一种色彩后，向左或向右旋转120°的色彩，选择的色彩与旋转后确定的色彩为互补色。

3. 色彩的三要素

每块色彩都有三种属性，或称三要素。我们通常把色相、明度、纯度称为色彩的三要素，这三个要素不是孤立的，而是联系在一起的，在作画过程中调配颜色要同时考虑这三方面，不能顾此失彼。

（1）色相。指颜色的基本相貌特征，表示各种颜色的名称，如红、橙、黄、绿、青、蓝、紫等色相。它与色彩的强弱、明暗没有关系，仅仅是区别这一色与那一色的名称。在写生中我们会遇到不易确定的色相，也就是说颜色难以叫出名字，只可以从接近光谱的倾向加以区别。

（2）明度。指颜色的亮度、深浅和浓度的程度。一般来说，物体表面对光的反射程度的高低，决定其明度的高低。同一色相的颜色，由于光照强度不同（距光源近明度强，反之弱）或者在同样的颜色中加入不同程度的白色，它们的明度也不同。

（3）纯度。指颜色的饱和程度、纯净度或单一程度。一个颜色中掺入了灰色，它就失去了纯度，也就是说颜色中所含灰色量越少，纯度就越高，也就越饱和。

同时，纯度与明度也有着密切的关系，当一个颜色调入白色或黑色时，不仅明度降低，纯度也随之发生改变（图2-6）。

毕加索的作品《梦》只以简洁的线条勾勒了女性的身体，没有过多的装饰。

用色极为单纯，大红色的沙发背景与金黄色头发，毕加索用最简单的绘画表现出了一个在梦境和现实中的少女。

纯度作为色彩的三属性之一，它对画面的感受和视觉的感染力起着绝对的主导作用。

图2-6　毕加索《梦》

2.1.3 色彩的表现力

色彩写生作为一种视觉艺术的基础训练方式，旨在通过运用色彩的基本原理，在有限的时间内对描绘对象进行真实且富有生机的表现。在此过程中色彩的运用是否得当，会直接影响画面上色彩关系的协调性，进而决定画面颜色与实际物体颜色的一致性。

我们应该懂得艺术的最高标准，并非单纯的重复和再现。简单而自然的重复，对于艺术本身并无太多价值。真正的艺术，需要通过观察与思考，以自然和客观的色彩为基石，融入主观的感受和理解进行表现。如何在色彩写生中更好地表现色彩的方法可参考以下几个方面。

1. 先色彩后形体

对于初学者来说，这是培养色彩感的重要方法。如果过分注重形体的精准描绘，机械地依循轮廓线逐一为每个物体上色，会导致生硬且缺乏生命力的效果，色彩之间缺少应有的对比和联系，无法形成统一的画面感。

采用"先色后形"的训练方法，要求对形状的处理要更为简洁和整体。在构图中，比例、透视和空间关系的基本要素需要得到妥善的表达；在铺色阶段，重点应放在物体色彩的色相、明度、纯度以及冷暖对比、补色关系的把握上，每个颜色区域都应给予适当的关注，在细致调整色彩的同时，可以逐步细化形状的描绘。一定要注意，形要有虚实、节奏变化，形是"色彩的形"。

通过这种方法，初学者可以在实践中逐渐建立起对色彩的敏感度，并学会在色彩和形状之间找到平衡点，创作出既有丰富色彩表现又具有良好形状结构的作品。

2. 多画记忆色彩和色彩速写

在某些情境下，我们难以在现场即时捕捉生活中的色彩斑斓之美，受限的条件往往使得这一美好瞬间难以跃然纸上。但艺术家仍然可以通过画笔，将存储在脑海中的记忆转化为视觉艺术，让那些稍纵即逝的色彩得以在画布上重现。这种以记忆为基础的绘画方式，能够使艺术家细致观察其创作主题，在提升其对色彩和形态的概括能力及艺术想象力方面同样具有显著效果（图2-7）。

3. 注意对比和调和

色彩并非孤立无援的存在，而是与其他色彩以及周遭环境相互作用，相互影响。这种相互作用主要体现在各种对比现象上，例如明度对比、色相对

（a）风景速写

（b）建筑速写

图2-7　水彩画

图2-7（a）：进行短时间的色彩速写训练，捕捉对象大的色调和瞬间的色光关系，用尽可能简练的色块、笔法直抒胸臆，追求"神似"而不是"形似"，以少胜多，以简胜繁。

图2-7（b）：记忆色彩和色彩速写作画时间短则三五分钟，长则几个小时，随机而定。

比、纯度对比、互补色对比以及冷暖对比等。正是这些对比现象的交织，使得画面色彩丰富多彩，形象生动。

4. 加强色彩写生训练

艺术作品是生活经验的产物，自然界呈现的色彩多样性为艺术家提供了无限的创作灵感。通过对自然界的直观观察和写生，艺术家能够用画笔捕捉到美的瞬间，通过心灵与自然的交流，进而提升对色彩的感知、表现、概括和分析能力。色彩理论的学习需要在不断的写生实践中得到深化和提炼。

对于初学者，在熟练掌握正确的观察技巧和绘画技巧后，可以借助个人的艺术想象力和原创性，创作出具有个人艺术特色的作品。这种实践不仅是对艺术技能的提升，也是对艺术理解的深化。

★ 补充要点

色彩的感受与理解

从生物学的角度来讲人类对于色彩的敏感程度不尽相同，尽管如此，当人们看物体的时候，最深刻感受是最初的第一印象。这种最初的感受是直观的、感性的，同时也是最真实的。色彩规律对于我们观察理解和表现对象的色彩无疑是有益的，是起指导作用的，但如果过分地依赖它而失去自己独立的感受，那便失去了意义。

训练和培养敏锐的感觉和正确的观察方法尤为重要，良好的感觉可以使画面始终保持一个较为生动、鲜活的氛围，但是如果没有坚实的色彩理论基础支持也同样不会长久，因为感觉与理解相辅相成。强调写生中注重感觉不是有意削弱理解的成分，反之如果没有理解，也没有掌握好色彩变化的规律，所画出来的画也不可能生动自然，充其量只是昙花一现。应该说，色彩理论知识有助于我们更敏锐、更准确地感觉对象的色彩关系，只有当把感性认识上升为理性的、规律性的认识时，我们才会在平时的色彩写生中掌握主动，艺术的表现手段才能得以尽情地发挥。

2.2 设计色彩类别

色彩的表现形式具有多种方式，常见的色彩画类型有水粉画、水彩画、油画、丙烯画等等。

2.2.1 水粉画

1. 概念

水粉画是一个比较普及的画种，具有与其他绘画类型不同的特征，并且不能被轻易取代。水粉颜料所用颜料含胶，有粉质成分，虽然与水彩画一样，绘画时需要使用水作为调和剂，但与水彩画不同的是，水粉画在降低色彩纯度以增强亮度时需要调白粉，因此它也被称为不透明水彩。

水粉表面无光泽，颜料层堆积厚重时可以展现出笔触，但如果颜料层过厚，则容易脱落。如果使用得当，它既能表现出厚重感，又能呈现出明快和轻便的视觉效果。可以在各种纸张上绘制，也可以在木板上进行创作。水粉画在油画和水彩画之间找到了平衡，既可以进行薄画，也可以进行厚涂，具有其独特的艺术价值（图2-8）。

(a)静物写生　　　　　　　　　　　　　　　　(b)以瓶子为主题的设计

图2-8　水粉画

图2-8(a)：水粉画既有油画质感的厚重和丰富的色彩表现空间，而又兼有水彩画的润泽感，有较强的表现力。

图2-8(b)：水粉颜料纯度高，鲜艳明丽，制作方便，便于较大面积的色彩绘制，也可以画精细的小画，无论画写实风格还是画装饰、抽象风格都能自如表现。

★补充要点

水粉画的用笔方法

1. 摆。将笔触放上去不作衔接，在画上留下笔触的痕迹。这种画法在塑造静物时用得较多，它可以增加结构的表现力，增加物体的强度，使塑造的物体像雕塑一样结实、有力度，富有体面感。但画的时候要注意整体关系，笔触不能所有的地方都强，要有强有弱。

2. 铺。用笔较大，水分也较多，笔中颜色较饱满，铺的时候要注意颜色的丰富和色彩的变化。一般用在静物画的背景或风景画的天空等大面积的表现上。

3. 扫、擦。用干笔蘸干的颜色去表现，扫用笔锋，其笔触呈针状排线（枯笔干扫），可画毛皮和蓬松的物体；擦用笔肚轻擦画面，擦过之处颜色留下"飞白"，可散露底纹和底色，用于表现物体的厚实感。

4. 拖。用笔拖着走，描绘物体生长的形体，运笔的时候讲究韵味。这种技法一般多用在对树枝的表现上。

5. 洗。洗不是为消除败笔重画，而是用洗来表现画不出来的效果。如烟、雾等虚幻地方，最好在底色没干时进行，要让干笔去吸被洗部分的水和颜色。

6. 点。用笔尖或笔肚在画面上捻出不同性质和疏密效果的点，如长、圆、三角点等。

---

2. 特点

水粉画颜料含有粉末成分，呈现出不透明性和较强的遮盖力，为艺术家们提供了调整色相、色性和明度的可能性，从而使得多次绘制和修改成为可能。水粉画在质感上与油画有着相似之处，如表现力强、能够长时间稳定形象、厚实且笔触多样等特征。

水粉画颜料用水作为溶剂，能够稀释颜料从而调出不同浓度的色彩。然而这种稀释作用对于颜料的本质属性影响有限。恰当使用水分可以使作品显得鲜亮而清新。反之，水分控制不当则可能导致画作出现灰暗、脏污或者粉末过多等问题，因此，许多画家在绘制水粉画时，都会巧妙利用其特性，避免展现其短处，小心控制水分的比例，防止出现这些问题。

水粉画特殊之处在于，它兼备了油画和水彩画的某些特点，因此，水粉画既能够是大幅作品，也能够是即兴小品，甚至可以被用作装饰性绘画。这使得水粉画成为一种应用范围广泛、易于学习的绘画形式，深受艺术家们的喜爱。

3. 基本技法

水粉画的基本技法有两种：一种是干画法；另一种是湿画法。由这两种画法衍生出综合技法、特殊技法以及无笔画法等其他技法。在干湿画法上，它们是相辅相成的，没有这两种基础画法，其他的画法也无法存在。因此，对于干画法和湿画法的理解，是研究和学习水粉画技巧的基础。

（1）干画法。干画法的特点在于颜料与水的比例，倾向于颜料偏多、水分较少。这种技法绘制出的图像在一定程度上与油画风格相似（图2-9）。在干画法中，颜料的干湿度变化相对较小，其操作步骤与基本素描一致。干画法也存在一定的局限性，由于过分强调"干"的特性，可能会导致画面过于"实"，进而影响物象暗部与远景之间色彩关系的自然过渡。解决的办法只有在干画法的基础上，巧妙地用湿画法来缓和此类矛盾，使其虚实结合，以增强画面的艺术效果。

（2）湿画法。与干画法相对应，其特点在于运用较多的水分，因此在视觉上与水彩画有诸多相似之处（图2-10）。湿画法在实践中容易出现的问题有：

图2-9　干画法《小店》

图2-9：常用的干画法有层加法、皴笔法和接色法等。

▶ 湿画法用水量较多，因此会显得比较滋润柔和。

▶ 湿画法的形体与色彩相较于干画法来说结合得比较自然。

▶ 湿画法在画面的处理上会产生一种和谐含蓄的美感。

图2-10　湿画法《早餐》

可能造成画面的轻盈感、形象结构的模糊性和色彩关系的混乱等。尽管如此，湿画法在描绘轮廓不够清晰的物体或是在风景画中表现远处的景致时，依然能够发挥其独特的作用。

（3）干、湿结合画法。在一张画中纯粹用一种画法的很少，一般都是干画法和湿画法混合使用（图2-11）。干湿结合画法的具体运用是：远处的景用湿画法、近处的景用干画法。

（4）刀刮法。借鉴油画技法，可用油画刀、雕塑刀、竹片、塑料刀片等任何薄片，把颜料直接刮到画面上，不同宽窄的刀片，刮出的笔触也有大有小，刮出的效果与画笔画的有全然不同的感觉（图2-12）。

图2-11　干湿结合画法《樱花树》 　　　　　　　　　图2-12　刀刮法《雨后散步》

图2-11：在画法中采取干湿结合会获得很好的效果。虚的地方用湿画法，实的地方、体面转折明显的地方用干画法，在具体操作上应先湿后干。

图2-12：用油画刀，刮掉表面一层而露出先有的底色，往往有出乎意料的效果。

> ★补充要点
>
> **水粉写生中容易出现的问题**
>
> 1. 灰。水粉画中的大层次不清、色彩明度及纯度对比过弱、体积感不强、重复色过多等，都会造成画面灰暗。纠正的办法：调整画面大的色彩关系，注意色彩的色相、明度和纯度的对比，强调画面立体空间的表现，充分发挥各色块对塑造形象的作用。
>
> 2. 粉。使用白色不当，用脏水掉色、暗部过多用粉、反复修改画面、复色调色过多，都会使画面色彩饱和度降低，产生"粉气"。纠正的办法：慎用白粉，暗部少用或不用白粉；用笔肯定，尽量少涂改；调和复色次数不宜过多；保持色彩的饱和度。
>
> 3. 花。画面缺乏整体关系，过于夸张局部色彩的变化，不善于与形体结合，用笔琐碎。固有色彩太重，主色调不明确，远近、主次不分等。纠正的方法：整体观察和整体表现。克服"固有色"的概念，局部色彩变化应服从于画面整体色调。注意形体间的空间透视关系。
>
> 4. 腻。画面缺少应有的色彩对比和变化，用笔不肯定，笔触平滑，表现中反复涂改，致使画面结构松散，整体感差甚至含糊不清。纠正的办法：调整画面整体关系，注意强调形体结构的转折变化，用笔肯定，注意大块面的塑造。
>
> 5. 火。画面色彩纯度过高且对比生硬，缺乏中间过渡色彩，色调不统一。纠正的办法：结合色彩理论，认识光、形体、空间与色调的关系。忌用原色直接作画，强调画面色调的和谐统一。

2.2.2 水彩画

1. 概念

水彩艺术是指运用水作为媒介来调和色彩,可分为广义和狭义两种定义。广义的水彩画是指使用水溶性颜料进行创作的绘画形式,包括了多种多样的绘画技巧,诸如中国的古代壁画和后续的彩墨画,水粉画,以及西方特定的湿壁画、蛋彩画,乃至前人类在岩洞中绘制的画作。在西方艺术界中,水彩画通常被称为不透明水彩画,而在中国,我们通常所说的水彩画则被称为透明水彩画。

狭义上的水彩画特指使用水调和的水性颜料(主要是透明或半透明的),在特定纸张上进行绘画的艺术形式。这种类型的水彩画起源于近代的欧洲,其历史大约三到四百年,而在中国,水彩画的流传和发展仅有百余年的时间。

尽管水彩画在中国的历史不长,但在过去的一百多年中,通过数代艺术家的实践、研究和探索,水彩画已经成为受到大众欢迎,并且拥有庞大创作者群体的艺术门类,其地位不容小觑(图2-13)。

2. 水彩画的特点

水彩画别具一格的特点在对比水粉画与油画等绘画形式时尤为显著。这种艺术形式借助水的稀释作用,将色彩融合其中,营造出独特的艺术韵味,画面往往呈现出清淡、透明、轻快、流畅和润泽的效果。

许多杰出水彩作品的诞生往往伴随着随意性,并且常常产生令人惊叹的效果。因此,水彩画创作的过程可被视为一种乐趣,是一种将绘画与娱乐相结合的艺术实践。

3. 水彩画的基本技法

水彩画的作画方法尽管在中外水彩画家的笔下千变万化,但概括起来,不外乎干画法与湿画法两种。

(1)干画法。即在透明的画纸上直接作画。在第1层色画干透后再加第2层色,以层层叠加的方法来表现物象。这样可以避免在湿画法中由于水色的流动而带来的困扰,宜于初学者练习。

由于水彩颜料多具有透明或半透明性,因而在每次叠加时应考虑底色与叠加色重叠之后所形成的色彩关系,为此就要注意色彩的纯度(图2-14)。

(2)湿画法。是在潮湿的画纸上作画,或在第1次色画上去后,紧接着画第2次色,让两种颜色在潮湿的纸上相互渗透融合,借助纸上水分使颜色向四周散开形成朦胧的边缘,水彩画的特性在这里得到充分

图2-13 水彩画《街头》　　图2-14 水彩画干画法

图2-13:水彩画以水作为媒介来稀释特制的颜料作画,因为水、色这两大元素注定了水彩画的不可替代性。水彩画所体现的轻快、透明、舒畅和水色交融、变幻莫测的美感及艺术魅力给观赏者提供了广阔的审美与想象空间。

图2-14:干画法是直接画在干透的纸上,因而笔上的水色应该饱满,并且学会利用笔上水色由浓到淡的渐变过渡。

的发挥和体现。

湿画法的难点在于纸面上水分的多少与表现效果的关系上，从纸面上水分充溢，到纸面上有些湿润，都是"湿"的概念。湿的程度同绘画效果有直接关系，"湿"的概念是无法用语言描述的，因为它无法量化，只能笼统地描述为朦胧、虚软，只能在实践中体味和掌握不同的湿与绘画效果之间的关系。

（3）干湿并用法。画一幅水彩画并非仅通过单一技巧即可完成，相反，它要求画家结合干湿两种技法。这种混合使用能够带来一系列视觉效果，包括画面的光泽与坚实感，制造出多种对比效果，如虚实对比、粗细差异、以及概括与细腻之间的反差。

起稿是作画过程中的一个重要环节，标志着对描绘物体的初步认识，是激发艺术家创造性思维与深层次认识的过程。起稿阶段不仅是技术上的准备，更是调动积极思维和认识的开始。

稿子画好后，最好不要急于着色，应关注对象的结构、色彩、空间以及物质属性，并基于这些因素设计出一套高效合理的绘画流程。无论是干画法还是湿画法，在水彩画中都可以通过由浅入深的多层叠加，让描绘的物体更加丰满、坚实（图2-15）。

在着色时，对一些色彩较深的物象最好第一次就把色度给够，甚至过点头亦无妨。一次性把色度给够，既可保持色彩的纯度，又可避免由于层层叠加而损坏画面。着色时，手中握的毛笔在纸上应运笔有序，准确到位，而不应毫无章法地乱涂一气，随着落笔、运笔和收笔，笔上的水色已和画纸融为一体，并表现出一定的形体（图2-16）。

2.2.3 油画

1. 概念

西方绘画领域中，油画占据了至关重要的地位。其使用历史能够追溯到中世纪时期，15世纪油画颜料开始被广泛应用。这种绘画形式主要是使用快干性植物油来调和颜料，在纸板或木板上作画。油画的显著特点是画面上的颜料具有较高硬度，能够维持较长时间。

油画包含了诸多造型要素，如色彩、明暗、线条、质感、笔触、光彩感、空间和构图等。这些要素共同构成了油画这一独特的艺术语言（图2-17）。

图2-15　注意作画节奏《墨镜》　　　　　　　　　　图2-16　在水平位置绘画《落叶与人像》

图2-15：无论干画还是湿画，在作画时均应从上到下，从左到右地用笔，这样不仅顺手，而且便于颜色的衔接。

图2-16：水彩画一般不宜放在画架上作画，因为水往低处流，如果纸上的水色均向下流淌，那将削弱了对形体的表现，水彩画作画时宜平放在桌面上，或根据需要在画板的上部下面垫上不同高度的物体，使画板稍有一些角度即可。

油画创作是一种体现艺术家深刻艺术思想的形式，它要求创作者在材料的运用上必须自觉而熟练。在这一过程中，艺术家通过特定的技术手段，如选择绘画技法，将内心的艺术形象呈现于画布上。油画不仅承载了艺术家的思想内涵，更是其展现个人独特油画语言之美的媒介，这种美即回光性。

2. 油画的特点

油画凭借其独特的工具材料展现出显著的优势，允许艺术家综合且充分地运用各种造型因素，如色彩、明暗和线条等。通过油画，能够精确且细腻地捕捉到画面中的造型及其视觉特征，包括空间中的光色关系、明暗层次、形体构造、空间感和质量感，使作品能够极真实地传达视觉感受。

3. 油画的基本技法

油画依赖其特有的材料属性，进而形成了独特的绘制技法。油画包括了构图、造型、色彩以及空间等绘画审美构成要素，其中油画技法有挫、拍、揉、线、扫、跺、拉、擦、抑、砌、划、点、刮、涂、摆等，在众多技法中，比较常见的有三种，透明画法、厚涂画法、直接画法。

（1）透明画法。19世纪以前，这项技术曾长期占据欧洲油画的主导地位。该技法主要依靠稀释后的油彩进行层层叠加，每一层都极为细腻，能够让底层的色逐渐透上来，进而创造出复杂且微妙的色彩变化。这种方法在制作上要求高度的精细和耐心，其过程类似于中国的工笔画，在细节上追求极致，但由于需要耗时费力地多次上色，这种技法往往难以传达画家的情感和个性。

并且这种画法在绘画时较为麻烦，制作时间长，需等形体塑造好后存放一个月或更长的时间，再进行作画。所以，现代画家很少采用这种绘画方式。

（2）厚涂画法。厚涂画法是一种明显的堆积颜料的方法，其特点在于多层次的颜料叠加，形成一种厚重感。这种技法与透明画法不同，它允许艺术家在湿润的颜料层上继续添加，以此来增强色彩的饱和度和作品的立体感。采用厚涂画法，艺术家往往旨在通过颜料的堆砌来强调视觉焦点，并且创造出丰富的质感效果，使得作品呈现出一种更加厚重和实质感的视觉体验（图2-18）。

（3）直接画法。是指艺术家一次成型地调和并应用色彩，以实现预设的色彩效果。此种方法要求画家在落笔之前即对画面色彩有充分的构思，并在绘制过程中避免修改，以确保颜色的纯粹性和一致性。如有需要，画家可使用刀具进行微调，补充或修改色彩。画家所使用的颜料通常具有较高的色彩纯度，使得笔触鲜明且易于辨识。

2.2.4 中国画

1. 概念

中国画主要指画在绢、纸上并加以装裱的卷轴画。中国画以其特有的工具，用毛笔及水墨颜料创作

图2-17 布面油画《秋千》（法）让·奥诺雷·弗拉戈纳尔

图2-17：该油画作品描绘的是一对贵族夫妇在茂密的丛林中游玩戏耍的情景。作品趣味虽然轻佻俗艳，但却很符合当时贵族的口味，无论题材与形式，都体现了典型的洛可可风格。

图2-18 厚涂画法（德）安塞尔姆·基弗

图2-18：本作品运用了厚涂的方式，在材料的选择上不拘于单一颜料，运用虫胶、油漆等，最终呈现一种厚重结实的视觉效果，产生强烈的机理与质感。

图2-19 风景画《卷去青霭望水天》张大千

图2-19：吸收了由唐以来的中国画传统"泼墨"法，融合了传统青绿山水中大青绿的厚重浓丽，利用墨彩在画面上晕湿流动、渲染重叠，形成一种新颖现代的绘画风格。

出独到表现形式和艺术风格的作品。随着历史的演进，中国画在不同历史阶段展现了中华民族的社会观念和审美偏好，同时也反映了人们对自然界、社会环境以及政治、哲学、宗教、伦理和文艺等领域的理解与感悟（图2-19）。

2. 中国画的特点

（1）以形写神，形神兼备。中国画中，气韵和意境的体现被置于至高无上的地位。与西方绘画强调的肖像逼真不同，国画并非单纯地复制外界的形态，而是更注重精神层面的表达。历史上，国画艺术家始终致力于将外在的"形"作为载体,进而揭示内在的"神",包括了对物体生命活力、气韵和独特性的深入挖掘。近现代艺术家如齐白石和黄宾虹进一步阐述了这一点,认为优秀的画作应当恰到好处地平衡"似与不似"之间的微妙关系。

(2)骨法用笔。指绘画艺术中的笔触力量,对作品所传达的内在精神起到决定性作用。画家的笔触落下,不仅构建了视觉上的点、线、面,更是其情感动态的直接体现和记录,赋予画面以更为鲜明的生命力和情感深度。通过对这些痕迹的细致分析,我们可以窥见画家的内心世界和创作时的情感状态。

(3)以墨为主。"墨分五色"概念在国画领域中具有重要意义。国画的基本色彩之一便是墨,它起着至关重要的作用。墨色可以通过焦墨、浓墨、重墨、淡墨、清墨这五种不同浓度质地的变化来体现,在运用这五种墨色时,如果能巧妙且适宜地搭配,就能为作品带来极其丰富的视觉效果。

3. 中国画的基本技法

(1)构图布局自由。在主题的引领下,时空的界限被打破。《长江万里图》(张大千)等构图都采用了散点透视的手法,将相隔千里的景象集中在一幅画作之中。

(2)内容概括,主体鲜明。中国画造型源于生活,在对物像的提取和加工过程中,注重与人视觉经验的结合,通过艺术的经营将自然物像转化为用笔墨和线条表现的绘画形式符号,使画作具有艺术美感。

(3)以线为主,点、面为辅。在构图上,通过各种线的组合和点、面的配合,展现出物像的形状、质量、动态。线的粗细、重量以及虚线的运用,都为画作增添了生动的气息,使之灵动、有趣。

2.3 设计色彩的心理效应

设计色彩在人类生活中扮演着重要角色,色彩可以直接作用于情感,形成人们对色彩的整体心理反应。

2.3.1 色调

1. 色调与色彩心理

色彩的运用,不单是视觉的愉悦,更是情感与思想的传达。若色彩感知与创作初衷不一致,即便技巧再高超,配搭再精妙,亦难以触动观者之心。色彩,不仅是画面上的基本元素,还承载着人的视觉体验和心理层面的深层次暗示,激发观者的情感共鸣和丰富联想。

(1)色彩与形状的关系。当某种形状与某种色彩共同触发相似的心理反应时,它们便形成了表现上的和谐对应。例如,红色所散发的稳定、沉重与不透明感,带来了一种静穆、坚实、强烈、大方的视觉体验,被认为具有正方形的特征;黄色,则与三角形有着不解之缘,人们往往将黄色的明亮、敏捷、活力和痛快淋漓的特点,与三角的尖锐感和好斗、向上的精神相融合,使其成为一种富有生动性的色彩(图2-20)。

(2)色彩与民族传统。不同民族的文化背景与生态环境对颜色的寓意产生了深远的影响,使得色彩不仅是一种视觉现象,更蕴含了丰富的象征意义。在西方文明中,黑色往往与死亡和哀悼联系在一起,参加葬礼的人们会身着黑色衣物,以表达对逝者的敬意和哀思;在古埃及文化中,黑色却与新生活的准备相联系,它代表着从世俗生命的终结到另一个世界的诞生之间的过渡;在中国,白色才是丧葬中的颜色,穿着未经染制的白色衣服代表着一种谦卑的态度;而在艺术创作领域,白色通常象征着和平与宁静,它是纯洁高尚的代名词,常常用来形容美好的精神和理想境界。

图2-20 色彩与形状的关系

图2-20:色彩学家通过测试发现色彩以纯色出现时会和人的许多感觉发生联想,尤其与造型因素有不少联系。

（3）色彩与情感的关系。色彩与人的性格、情感之间存在着一种难以割舍的联系（表2-1）。这种联系不仅源于色彩本身所具有的象征意义，更源于人们在长期的生活实践中积累的经验。正如那些伟大的艺术家所展示的，色彩是一种强有力的表达工具，能够跨越文化与语言的界限，直抵人心。

2. 色彩颜色基调的把握

在本章的学习中，我们分析了色彩的视觉感觉同心理的联系以及各色的色相情感特征和象征意义。

在视觉艺术中，色彩基调能够给观者留下深刻的第一印象。色彩基调在色相、明度和纯度上的处理，决定了作品给人的感觉是冷还是暖，是红色还是黄色，是艳丽或是偏灰，都会影响观者对色彩画面的直观感受。掌握颜色基调需巧妙运用色彩的三属性。第一，色彩调和原理的自觉应用，在色调上寻求一致性，以创造出和谐的整体效果；第二，构建对比是增强视觉效果的关键，这包括但不限于冷暖色调的强弱对比，以及色相和纯度之间的对比关系（图2-21）。

探讨艺术创作中色彩的应用时需深刻理解色彩协调的法则。首先明确主色调，确保其在画面中占据主导地位，以实现对色彩效果的有效控制。随后根据实际需要，巧妙地融入其他对比色彩，以丰富画面的视觉层次。对比关系在色彩结构中扮演着重要角色，无论是色相之间的对比还是冷暖色调的对比，都会对画面的最终效果产生深远影响。通常，强烈对比的色调呈现出激烈、生动的特点，而弱对比则给人柔和、宁静之感。

表2-1 不同色彩带来的情感

色彩	情感
红色	活力、力量、温暖、坚持、愤怒、急躁、正能量
粉色	冷静、关怀、善意、爱情、无私、暧昧
橙色	喜悦、安全、创造力
黄色	快乐、刺激、乐观、担心
绿色	和谐、放松、和平、自信、镇静、真诚、满意、慷慨
蓝色	洁净、宽广、希望、忠诚、灵活、宽容
紫色	灵性、直觉、纯洁、沉思、高雅、神秘
棕色	养育、自然、世俗、退却、狭隘
白色	和平、纯洁、孤立、宽广
黑色	温柔、保护、限制
灰色	孤立、分离、孤独、自省
银色	变化、平衡、柔性、感性
金色	富足、智慧、理想

（a）冷色调

（b）暖色调

图2-21 冷暖色调

图2-21（a）：蓝色是黄色的补充，所以蓝色、蓝绿、蓝青和蓝紫等颜色让人们产生冷感。
图2-21（b）：暖色能刺激人们的情感，如看见红色或黄色，就能产生温暖的感觉。

在色彩训练中，我们常常采用中的植物、动物、风景以及日常生活中的物品作为素材，通过对这些对象的色彩因素和结构动态进行深入分析与归纳，再利用抽象的图形进行概括，从而锻炼我们的色彩运用能力。此外，值得注意的是，色彩的组合与变化会在不同的情绪、环境、空间以及时间的背景下产生不同的心理暗示和视觉刺激。因此，在艺术创作中需要充分考虑这些因素，以便更好地传达情感和理念。

3. 应用设计中的色调配置

色彩作为一种视觉语言，承载着丰富的象征意义，其视觉效果的表现，在于色彩之间的搭配与组合。

设计领域中，尤其是平面设计，对色彩组合的探索至关重要。在平面设计中，人们研究画面色彩区域的划分就像电影中演员的角色划分一样，最主要的有主角、配角、支配角、融合色、强调色。

对于室内设计师而言，创作时不仅要满足客户的色彩偏好，还需深入理解色彩的心理影响、流行趋势、美学潜力以及材质和光线与色彩的互动。这些因素的综合考虑，将极大地释放设计师的创造力（图2-22）。

在园林设计中，设计师的任务更为复杂。他们不仅要考虑色彩在不同平面上的应用，还需根据游人的行进路线，变化植物的色彩配置。例如，设计师可能会使用低饱和度的色彩作为主调，并以小面积的亮色调作为点缀，如用明亮的郁金香来平衡沉闷的灰植物。此外，植物的种植方式也会影响空间的视觉感受，高饱和度的暖色调可营造紧凑感，而冷色调则带来遥远空间的感觉（图2-23）。

2.3.2 构图

色彩构图是将不同色彩进行组合，并在空间中合理安排这些色彩，以便创造出既清晰又具有表现力的效果。色彩构图从狭义上讲就是色彩布局，经过精心策划，体现出恰当的比例、均衡、以及韵律感。色彩的布局需要遵循一定的节奏和秩序原则，以确保各部分之间能够协调统一，形成一个有机且引人注目的整体。

1. 色彩区域与动势

色彩构图通常由不同的色域组成，色域的用形和排列同构图的表现力直接相关。在构图中，色彩区域的分布可采取多种形式，如横向、纵向、斜线、圆形，每种方式均能营造出独特的视觉效果。横向构图常带来宽广和宁静的感觉，而纵向布局则暗示着高度和深度。当这两种方向结合时，可以创造出一种对称而稳固的视觉冲击力（图2-24）。

图2-22 办公空间设计

图2-23 园林景观设计

图2-22：明亮的色调可以激发人们的活跃性，有利于调节精神，因此被广泛地使用在学校和办公室的内部环境中。
图2-23：一个整体为冷色调的花园会显得毫无生气，而一个充满暖色的花园会在视觉上产生紧凑感。

2. 明度区域与层次

在色彩构图中，明暗的对比和关系对于色彩的呈现有着直接的影响。明度的合理分区成为构建画面层次的基础，划分明度区域是在画面上建立黑、白、灰明度层次，具体由明度相近的色彩所组成，在明度层次中具有细腻的明度变化，但并不影响作品整体基调。这些明度区域可能在画面中大面积聚集，也可能分散存在，它们的色相可能表现为鲜艳、柔和甚至灰暗，但是，在明度层面上，它们都保持了一种有序的排列（图2-25）。

图2-24　色彩区域与动势

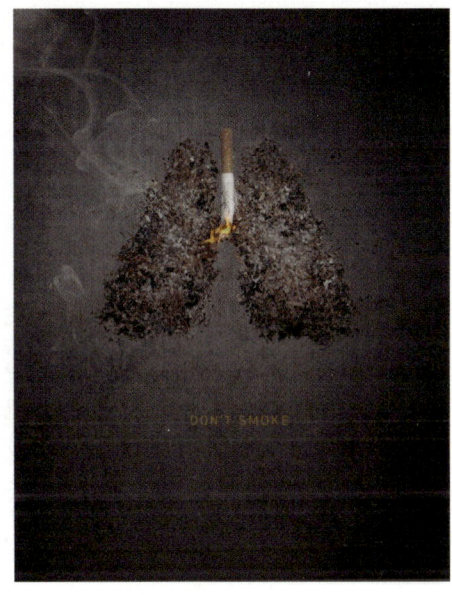

图2-25　明度区域与层次

图2-24：斜线产生运动感或造成将视线引向画面深处的纵深感，同时斜线形成的透视幻觉容易有很强的方向感和层次感，圆形具有集中的视觉效果，并且产生旋转的动势，其都会造成相应的动感效果。

图2-25：运用深灰色作为背景色，中间运用黑色肺部形象以及香烟的白色、黄色作为对比，凸显主题。

★补充要点

色彩的节奏

　　节奏是由色相、明度、纯度等色彩的构成要素相互作用产生的视觉感受，包括强弱感、轻重感、冷暖感以及软硬感。这些感受相互组合，形成了一种色彩的抑扬顿挫感。这种抑扬顿挫感不仅表现在色彩的用笔和色块的重复排列上，也体现在色彩的连续动感上。色彩的用笔和色块的重复排列，以及不同色块上下、左右并置，共同构成了色彩的错落有致感。

　　在绘画中，节奏的变化并非简单的重复，而是呈现出多种形式的节律运动。运动形式各异，有的激烈，有的平衡，有的高昂，有的低沉，有的直观，有的内在且迂回曲折。多种形式的节律运动共同构成了绘画的节奏感，使绘画作品更有力。

2.3.3 强调与平衡

1. 强调

在艺术创作的过程中，视觉元素包括点、线、面和色彩，其中色彩元素往往能产生最直观和强烈的效果。一幅艺术作品的成功与否，很大程度上取决于主题是否明确。画面的重心是艺术作品中的一个关键概念，指的是画面上最吸引观众注意力的部分，通常也是画面主题最突出的地方。重心的设置不仅能够引导视线，还具有强烈的暗示作用，有助于传达艺术家的情感和思想。

在创作艺术作品时，艺术家必须精心构思如何利用多种视觉要素来增强主题表现。各种点、线、面及色彩元素，都应有助于明确传达主题。在处理主从关系上，让主题形象占据主导地位，色彩的选用同样起着至关重要的作用。其中一种增强突出效果的方法，就是减弱被强调区域周边的色彩对比（图2-26）。

在艺术作品中，色彩的反复运用具有显著的强调效果，表现为单一颜色的多次出现，或是在不同组合与系统变化中呈现。这种处理方式有助于在复杂性中寻求和谐统一，同时也能在变化中强调重点（图2-27）。

2. 平衡

画面色彩的结构设计，其核心宗旨是实现一种感观上的和谐统一。这种色彩的和谐并非基于物理层面的均等，而在于画面中多样色彩之间形成的视觉精神上的平稳安定感。换言之，色彩间在感知层面上需展现出一种生动活泼、遵循节奏与互动交流的和谐状态。在评估色彩平衡时，需考量色相之间的对比、明暗的差异、色彩区域的尺寸、颜色的分布位置以及调性对整体色彩平衡的影响等多个关键因素。

平衡可以分为对称与非对称平衡两大类。所谓对称平衡，是通过一个中心点或轴线，将形态上的相似或相对称的元素均匀分布。在这个基础上，形状、颜色、纹理等元素在画面的上下、左右以及各个角落都能找到对应的平衡点，带来的视觉效果是明确和有序的；非对称平衡中元素的位置、形状、方向和颜色等并没有平均分布或对称排列，而是通过一种动态的变

图2-26　淡化强调周围的色彩　　图2-27　点色彩重复强调的节奏

图2-26：这幅作品利用强调对比达到突出的效果，运用丛林的深绿色、草绿色等作为背景色，主角运用黄色、棕色并搭配阳光照射的光线效果，很容易引起人们的注意。

图2-27：这幅作品运用点组成面的形式，画面前面运用黄色系组成麦田的风景，以避免画面陷于单调、生硬的情形，从而加强画面的表达力。

化和相互作用来达到平衡，蕴含着更多的灵活性与生动性。

色彩设计的目标并非单纯地局限于达到视觉上的和谐，心理层面的需求同样在色彩审美的形成过程中扮演着至关重要的角色。许多卓越的艺术作品并未严格遵循色彩平衡的定律，而是通过色彩的巧妙搭配，有意识地创造出一种不平衡感，以此来挑战和打破传统的平衡规则（图2-28）。

（a）高纯度的色彩平衡

（b）低纯度的色彩平衡

图2-28　色彩平衡

图2-28（a）：高纯度的色彩和细节丰富的区域能引起人们的注意力，同时产生视觉上的厚重感。
图2-28（b）：低纯度的色彩和缺少细节的区域则视觉较轻。

> ★补充要点
> **色彩绘画的意境表达**
>
> 　　在美术创作中，作品所传达出来的意境是评判一件作品成败的关键。所谓意境，是一种情感与景象的深度融合，也是画家内心世界的直接反映，展现了画家的哲学思想与审美追求。当艺术家将自己的情感深深地植入到绘画之中，便实现了一种被称为"移情"的过程。画家通过画布，将心中美好的愿景和理想描绘出来，呈现出来的画作所表达的远非一时一地的景象，而永恒且辽阔的自然风光，是一种超越了瞬间感受的"可望可行"。中国艺术史上，苏轼对王维的评价"味摩诘之诗，诗中有画；观摩诘之画，画中有诗"便是对这种意境的高度概括，表明意境在中国画中占据着举足轻重的地位。
>
> 　　欧洲绘画传统也追求画面的意境与完美。特别是在风景画领域，西方画家致力于捕捉自然的真实面貌，他们通过对自然景观的精细描绘，带领观者进入一个如梦似幻的世界，产生一种身临其境的错觉。在中世纪以前，油画中的风景往往只是作为人物或纪念性绘画的陪衬。但随着时代的变迁，风景画逐渐发展成为独立的艺术形式，并因其独特的艺术魅力而受到广泛追捧。

2.4 案例解析：绘画色彩作品赏析

东方与西方绘画色彩的变现方法各不相同，在色彩画绘画当中需要注意这方面的锻炼和培养，色彩的运用要与所表达的主题和意境相结合，使作品更有内涵，色彩更富魅力（图2-29~图2-35）。

该画以明快的色彩和生动的笔触表现了一辆小马车穿过吊桥的景象。画面的背景是蔚蓝的天空和碧绿的河水，以及河岸上那一片橘色河堤。画面中，一群穿着五颜六色衣服的浣衣妇女正在河边忙碌着。

从艺术表现手法上来看，这幅画的色彩运用非常出色，用笔果断有力，仿佛能听到金属管乐器奏出的高亢乐章。这幅画让人仿佛置身于巴黎郊外，远离城市的喧嚣，看着一片湛蓝的天空，清澈荡漾的水波，仿佛能感受到乡村生活无比快活的气息。

图2-29 油画《兰格罗瓦桥》

图2-30 水墨画

图2-30：中国传统绘画十分重视空间环境对物象的影响。随着空间环境和光源色的变化，物象的色彩也会随之发生变化。中国传统绘画是以墨调色，在薄与厚、深与浅、淡与浓等多种矛盾体中求得视觉上的协调统一。

→ 耀眼的光线、灿烂的色彩、大胆奔放的用笔，描绘出充满力量、速度和运动氛围感的绘画作品。

→ 用笔挥洒，有流动感，善于用光，他笔下的景色常常沐浴在明亮的光线之中。

→ 对画面虚实的处理也别具一格，产生动人的画面效果。

图2-31　威廉·透纳作品

图2-32　毕加索作品

图2-32：这幅作品中，一组静物一面处于光面一面处于黑暗，使人产生丰富的联想，画面构图严谨，色彩使用单纯，简约但不单调。

人物处于对角线上,远处的城堡和近处的人物形成了大小对比,将人物凸显出来,再加上光感效果,人物形象更加鲜明。

对于插画的形象,还可以同步表现不同的空间,进一步丰富画面效果。

色彩饱和度高,具有醒目、明快的装饰效果。

图2-33 维克多·伯伦插画作品

树木在墙上的阴影,反映出自然真实的生活场景,同时也填充了封面的空白,不让画面显得单一。

建筑外部的空间更开阔,选用暖色。这与建筑内庭院树荫下的冷色形成对比,视觉效果强烈。

图2-34 世仓铁平插画作品

（a）蛇　　　　　　　　　　　　　　　　　　（b）池塘中的青蛙

图2-35　希希利克·克莱昂插画作品

图2-35（a）：插画师希希利克·克莱昂的作品充满了趣味性，主要用于儿童插画故事绘本中。选择生活中常见的事物作为创作题材，并加以丰富，形成色彩鲜明、画面独特的插画作品。

图2-35（b）：圆润的角色、细腻的排线、疏密有致的纹理、细节丰富的场景等都带有明显的个人风格。

本章小结：

　　创作一幅设计色彩作品并非易事，它涉及诸多方面。我们可以从一幅现场写生作品中看到作者的基本功和审美倾向，在进行设计色彩的创作之前，我们必须对色彩有一个理性的认知，不仅要充分感知色彩的魅力，还要洞察其功能，形成自己独到的见解。此外，培养高尚的审美情操，也比单一的技法更为关键。

● 课后练习

1. 简述光源色、固有色与环境色。
2. 什么是色彩的表现力？
3. 什么是水粉画？
4. 水粉画的特点是什么？
5. 什么是水彩画？
6. 简述色调与色彩心理的关系。
7. 详细说明一种水彩画的技法（作业数量：1份）。将阐述内容总结汇入Word文件（建议完成课时：3课时）。
8. 我国近几年重视国民文化自信的培养，而中国水墨画在中国文化历史上占有重要地位。中国水墨画体现了绘画者的审美与心境，请选择一幅中国画进行赏析与评价。
9. "惟创新者进，惟创新者强，惟创新者胜"告诉我们在发展中需注重创新性的挖掘与发展，对于设计师而言也是如此。请查阅近几年著名色彩画展以及时尚展，观察并分析设计色彩在生活中的应用变化，思考其中创新性搭配方式与意义。

第3章
对比与调和

学习目标：建立色彩对比、色彩调和的基本概念，提高色彩搭配能力。

识读难度：★★★☆☆

重点概念：对比、调和、色相

章节导读：人类对色彩的反应并非单一而孤立，而是一种全面的、综合的感知。当我们的眼睛持续接收到某种特定的色彩时，往往会感到疲劳，甚至厌倦，以至于希望眼前出现该色彩的补色，从而恢复眼睛的平衡，这是人体为了视觉平衡而产生的自然反应。色彩的运用能够影响人的情绪和感受，还能塑造空间的氛围和个性。在设计中，需要充分理解色彩的原理，创造出满足人们视觉需求的作品（图3-1）。

图3-1 夕阳

图3-1：这幅作品描述的是在海边太阳下山时的场景。在暖色阳光的照射下，运用冷暖色调进行对比、调和，描绘出水面上倒映出夕阳的场景。

3.1 对比关系

在探讨色彩效应的特点时，会发现各种不同类型的对比，它们在视觉、表现和象征方面都具有与众不同的效果，共同构成了色彩设计和表现中的独特魅力。

3.1.1 色相对比

不同颜色并置，在比较中呈现出的色相差异，被称为色相对比。在色相环中，色彩间隔距离大小决定了色相对比组合的强弱关系（图3-2）。

1. 原色对比

红、黄、蓝作为色彩环中最极端的三种颜色，展现了最为鲜明的色彩特性。它们相互之间的对比，无疑是色彩对比中最为显著的（图3-3）。

2. 间色对比

间色的意思是红黄蓝三种原色配合的颜色，如红+黄=橙色、黄+蓝=绿色、红+蓝=紫色，因此，橙色、绿色、紫色就是原色相混所得的间色，即橙、绿、紫是间色，它们之间的对比其色相相对柔和。

3. 补色对比

补色的意思是红黄蓝三种原色与相对应间色配合，形成的互为补色关系，如黄与紫、红与绿、蓝与橙就是互为补色关系。

（1）黄色与紫色对比，由于明暗对比强烈，色彩个性悬殊，是补色中最突出的一对（图3-4）。

（2）蓝色与橙色对比，明暗对比居中，冷暖对比最强活跃生动。

（3）红色与绿色对比，明度接近，冷暖对比居中，因而相互强调的作用非常明显（图3-5）。

为了判断两种颜色是否构成互补关系，最佳的做法是将它们混合在一起。如果混合的结果能够形成一种中性灰色，那么这两种颜色便是互补的。不能达到这种效果，那就需要对它们的色相成分进行适当的调

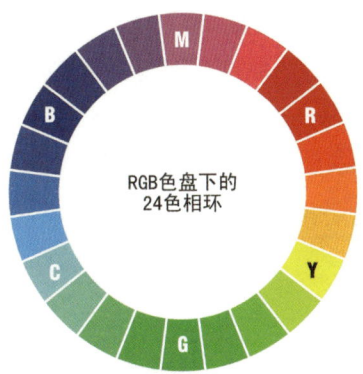

（a）RGB色盘下的24色相环

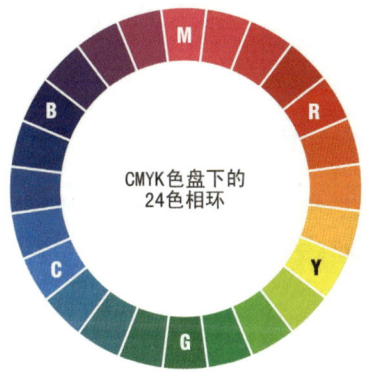

（b）CMYK色盘下的24色相环

图3-2　色相环

图3-2（a）：在色相环上，红、黄、蓝是不能由其他颜色混合出来的三原色。而三原色之间按照一定的比例混合却可得到色相环上其他全部颜色。红、黄、蓝表现出最强烈的色相特征，是色相对比的极端。

图3-2（b）：印刷四色模式是彩色印刷时采用的一种套色模式，通过将色料三原色的油墨与黑色油墨一同使用，总计四种颜色的墨水相互叠加，创造出全彩印刷效果。

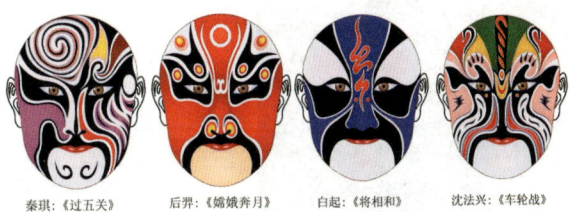

秦琪：《过五关》　　后羿：《嫦娥奔月》　　白起：《将相和》　　沈法兴：《车轮战》

图3-3　脸谱

图3-3：戏剧脸谱也使用强烈的三原色突出人物性格特征。

整，以便找到准确的互补色。当两种互补色并排放置时，它们能够使彼此的色彩更加鲜明，起到互相衬托的作用。

图3-4　黄紫补色

图3-4：黄紫色对比由于明暗对比强烈，色彩个性悬殊，是补色中最突出的一对。

图3-5　红绿补色

图3-5：红绿色对比由于明度接近，冷暖对比居中，因而相互强调的作用非常明显。

4. 邻近色对比

邻近色的意思是色相环上的颜色间隔不超过30度的两种色彩。邻近色的特点在于它们的色相差异非常细微，因此在视觉上产生的色彩对比相对较弱，常常给人以和谐统一的视觉体验。如黄与微绿黄、黄与微橙黄（图3-6）。

5. 类似色组合

邻近色的意思是色相环上的颜色间隔不超过90度的两种色彩。类似色的色差比邻近色大，但仍保持着色彩上的相对统一性，主色调倾向明确，又富有一定的变化，是较为常用的色彩构成方法。如黄与绿微黄，黄与黄微绿（图3-7）。

图3-6 邻近色

图3-6：邻近色虽然色彩调和，但画面配色单调，必须借助明度和纯度的变化或者点缀少量对比色来增加变化。

（a）蓝色孔雀　　　（b）红色孔雀

图3-7 类似色组合

图3-7（a）：蓝色孔雀画面中选择适当地变化其明度和纯度或点缀少量的对比色，就能取得较为理想的效果。

图3-7（b）：红色孔雀这幅作品中，运用不同饱和度的红色进行搭配，孔雀的形状轮廓运用高明度的红色凸显主题。

3.1.2 明度对比

明度和亮度有关联，但又是两个不同的概念。

（1）明度（Lightness）表明颜色深浅，或物体色彩有多白，属于色度学。

（2）亮度（Brightness）表明物体反射光的强度，或物体光线有多强，属于光度学。

1. 概念

明度对比主要指色彩明暗程度的对比，也称为色彩的黑白度对比。明度对比可以是属于同一色相的明暗对比，也可以是涉及多种色相的明暗对比，均能显著影响人的视觉感知。人眼对于明度对比的变化尤为敏感，这种对比不仅在视觉上具有显著的影响力，而且构成了色彩感知的基础。

当两种不同明度的色彩并排放置时，便会出现一种视觉现象：明色显得更加明亮，而暗色则显得更加深沉（参见图3-8）。观察者在不同色彩环境下，对同一色彩的明暗层次感知会呈现出多样化的体验。这种现象显著地扩展了色彩视觉表达的范畴，提示了色彩明度对比研究的重要性。因此，研究色彩明度对比对于理解色彩视觉传达的复杂性具有至关重要的作用（图3-9）。

2. 明度调子

不同色彩之间明度差的大小决定着明度对比的强弱（图3-10）。

明度对比的强弱取决于色彩之间明度差的大小。当两种色彩的明度差在三个级别以内时产生的对比为弱对比，由于色彩之间的距离在明度轴上较近，因此被称作短调对比；明度差超过五个级别时，色彩对比则显得强烈，由于色彩之间的距离在明度轴上较远，称为长调对比；当两种色彩的明度差介于三到五个级别之间，这种对比称为中调对比。

在色彩的明度对比中，我们常常会遇到不同的调子概念，指的是在视觉艺术作品中，由于色彩明度的差异而产生的明暗层次关系。如果画面中所占面积最大的色彩属于高调色系，并且与另一色彩存在明显的明度对比，这样的明度基调则可被定义为高长调。相应地，如果画面中的主要色彩属于中调色系，与其他色彩之间的明度对比不明显，那么这样的明度基调就可以称为中短调。

基于这样的分析方法，我们可以大致将明度调子分为十类：高长调、高中调、高短调、中长调、中中调、中短调、低长调、低中调、低短调以及最长调。这里的每一个"高""中""低"的分类，都代表着画

图3-8 黄紫并置　　　　　　　　　图3-9 灰与黑白的对比

图3-8：黄色与紫色并置，会很明显地感觉到黄色比原来更亮，而紫色比原来更暗。
图3-9：把灰色置于白底之上时灰色看上去比较暗，而移到黑底之上，灰色似乎又变得亮了起来。

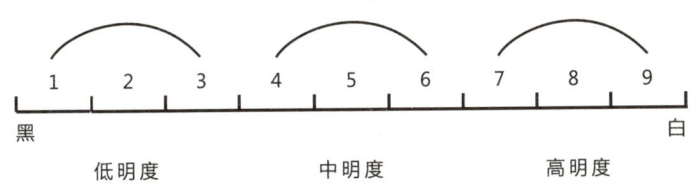

图3-10 明度调子划分图

图3-10：以黑、白、灰系列的9个明度阶梯为基本标准，可进行明暗对比强弱的划分。

面中主要的色彩相。

通过对这些明度调子的深入理解与运用，艺术家和设计师可以更好地控制作品的视觉效果，创造出符合其意图和情感表达的视觉冲击力。在实践中，这些调子的运用是灵活多变的，艺术家可以根据自己的需要和创意，适当调整和混合不同的调子，以实现独特的视觉效果（图3-11、图3-12、图3-13）。

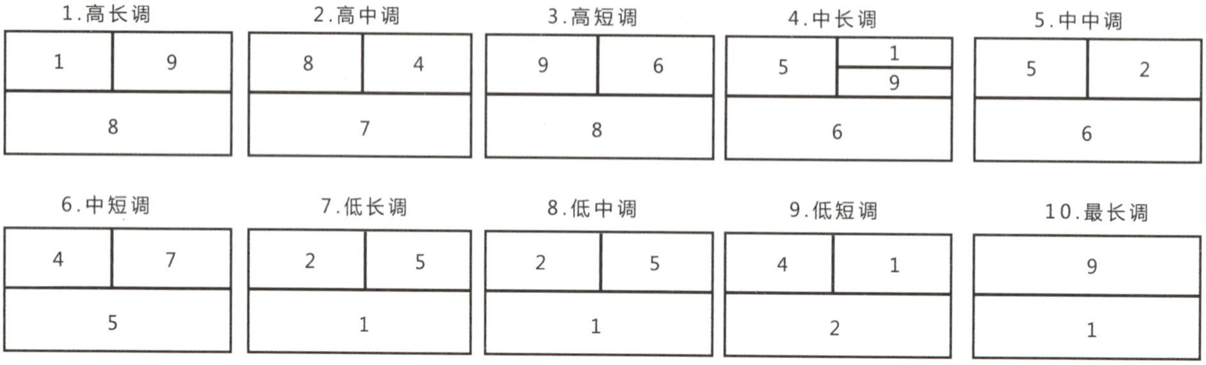

图3-11　明度基调

图3-11：依据图2-10，靠近白的3级（7、8、9）称高调色，靠近黑的3级（1、2、3）称低调色，中间3级（4、5、6）称中调色。

图3-12　无色系明度对比

图3-13　无色系明度对比

图3-12：高长调可以由黑、白、灰三色构成，中间短调具有如梦似的薄暮感，显得含蓄、模糊而平板。低长调较强烈，有爆发性，具有苦闷感。低短调则薄暗，低沉，具有忧郁感。

图3-13：一般来说，高调愉快、活泼、柔软、弱、辉煌、轻；低调朴素、丰富、迟钝、重、雄大有寂寞感。明度对比较强时，光感强，形象的清晰程度高，锐利，不容易出现误差。明度对比弱、不明朗、模糊不清，如梦，显得柔和静寂、柔软含混、单薄、晦暗、形象不易看清，效果不好。

> ★补充要点
> **各个明度调子的特点**
>
> 1. 高短调。其特点是颜色对比度低，给人以柔和优雅的感觉。在这种调性下色彩通常十分明亮，但形象的可辨识度不高，因而常被用于营造女性化的视觉环境。
> 2. 高中调。融合了高调的轻柔和中等对比度的稳定。这种调性的色彩效果既明亮又欢快，同时还带给人平和与安定的视觉体验。
> 3. 高长调。色彩运用强调的是强烈的对比和明亮的色彩效果。这种调性能够提升形象的清晰度，传递出活力和积极的氛围。
> 4. 中短调。运用的是中间灰度的明度弱对比。其色彩效果常常显得朦胧而模糊，深奥难懂，同时也可能显得缺乏清晰度。
> 5. 中中调。中间灰度的明度呈现出中等对比度，这样的色彩运用能够产生饱满而富有内涵的视觉效果。
> 6. 中长调。通过中灰度的明充实而有力的色彩效果。这种调性能够给人以力度感，常常与男性化的色彩相联系。

3.1.3 纯度对比

色彩的纯度是指颜色的鲜艳程度，也称饱和度或彩度。纯度取决于这一色相发射光的单一程度，它是衡量颜色中所含有色成分比例的一个指标。当一个颜色纯度高时，那么该颜色含有同一种基本色调的比例就大，看起来就鲜艳。当一个颜色纯度低时，它的颜色就显得很淡，甚至变为无颜色，如黑、白、灰。在色彩学中，纯度高的颜色被称为原色，纯度低的就会趋向无色系（黑、白、灰）。

1. 概念

一种颜色的鲜艳程度取决于这一色相反射光的单一程度。不同纯度的颜色并置引发观感中对比的差异，这种差异性正是纯度对比。在视觉感知的层面上，能够被辨识为有单色光特征的色，均显示出各自独特的鲜艳程度。

在色彩学的领域内，纯度对比对于视觉有着至关重要的作用。低纯度对比的画面，往往在视觉上显得更为柔和，图像的清晰度相对较低，这样的色彩配置适宜于需长时间或近距离观赏的情境。相对地，纯度中等的对比呈现出一种和谐效果，既不张扬也不单调，富有内涵且层次分明，适合于多种视觉表达（图3-14）。

图3-14 纯度对比《人生路》

图3-14：纯度强对比会出现鲜的更鲜、浊的更浊的现象，画面对比明朗、富有生气，色彩认知度也较高。

2. 特点

（1）纯度对比可以体现在同种颜色中灰色成分的对比，也可以体现在两种不同色相之间的对比。据孟塞尔研究的纯度色标数值，可以发现红色呈现出最高的纯度，紧接着是黄色、橙色和紫色，而蓝绿色则呈现出相对较低的纯度。

除了波长的单纯程度影响纯度之外，眼睛对不同波长的光辐射的敏感度也影响着色彩的纯度（图3-15）。对于红色光波，视觉系统表现出较高的敏感

图3-15 有彩色加入无彩色

图3-15：有彩色加入无彩色后，都会降低纯度。需要强调的是，一个颜色的纯度高并不等于明度就高，即色相的纯度、明度并不成正比。

度，导致红色纯度较高，而绿色光波引起的视觉感应相对弱一些，因此纯度较低（表3-1）。

表3-1 色相明度、纯度（彩度）关系表

色相	明度	纯度（彩度、饱和度）
红	4	14
黄橙	6	12
黄	8	12
黄绿	7	10
绿	5	8
蓝绿	5	6
蓝	4	8
蓝紫	3	12
紫	4	12
紫红	4	12

（2）任何颜色一旦其纯度发生调整，便会展现出全新的面貌与特质。以黄色为例，可以清晰看到这种纯度变化带来的影响。当黄色中引入灰色成分时，其原有的色彩特征会发生显著的转变，颜色变得更为柔和，原有的光泽也会减弱；如果黑色成分被加入黄色中，所形成的混合色彩通常会显得较为混浊。

（3）色彩中加入黑色，加入黑色越多明度会越暗；色彩中加入白色，加入越多明度会提高；它们的

纯度都会降低，但加白色的面貌仍较清晰，也很透明，加黑色却覆盖性强易改变色相（图3-16）。

色彩纯度对于整体视觉效果具有显著影响。如果画面上过多使用高纯度的色彩，容易引发观者的视觉疲劳，可能产生不安或焦躁的情绪；如果一幅作品仅采用中性色调，缺少明快的色彩对比，则可能失去活力，显得乏味和死板。只有恰到好处的色彩搭配，才能创造出既明快又深沉的视觉体验，避免单调或过分鲜艳所带来的不适感。

3. 降低色相纯度的方法

（1）加入无彩色系的黑、白、灰。纯色混入白色可以降低其纯度，提高明度，同时色彩变冷。当纯色与白色混合时，原本鲜艳的纯色在白色的影响下，其纯度会降低，同时明度提高，这使得色彩更冷，混合后的色彩会呈现出柔和、轻盈和明亮的感觉；当纯色与黑色混合时，不仅纯度降低，明度也降低，导致色彩感觉变暖，失去了原有的光亮感，赋予了色彩沉稳、安定和深沉的特性；当相同明度的纯色与灰色混合时，并不产生明度和色相的变化，但却赋予了色彩柔和的特性（图3-17）。

（2）加入该色的补色。加入互补色与加入深灰色的效果类似，因为三原色混合后就得到了深灰色。一种色彩加入它的补色，补色就是其他两种原色相混所得到的间色，因此等于三原色混合（图3-18）。

（3）加入其他色。一个纯色加入其他任何有彩色，会使本身的纯度、明度、色相同时发生变化（图3-19）。

图3-16 加入无彩色的色相变化

图3-16：当紫色、红色和蓝色颜料分别与白色混合，随着白色成分的增加，原本鲜艳的紫色、红色和蓝色逐渐转变为淡紫色、粉红色和淡蓝色。尽管这些新产生的颜色较为淡化，但其色相的本质特征依然显著。而黑色拥有独特的力量，可以迅速地吞没饱和的暗紫色和暗蓝色，产生的颜色不易辨认。

（a）原图　　　　　（b）黑　　　　　（c）白　　　　　（d）灰

图3-17 加入黑、白、灰降低纯度

图3-17：现实中的色彩与设计中的色彩大都为不同程度含灰的非纯色，而且每种色彩的纯度变化十分微妙，纯度的每一次微妙变化都会使色彩产生新的相貌和情调。

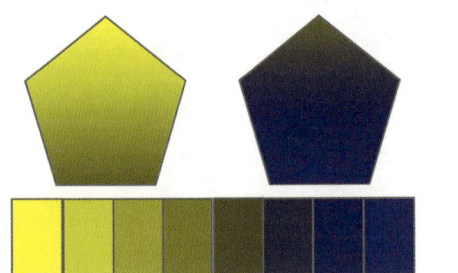

图3-18 加入补色降低纯度

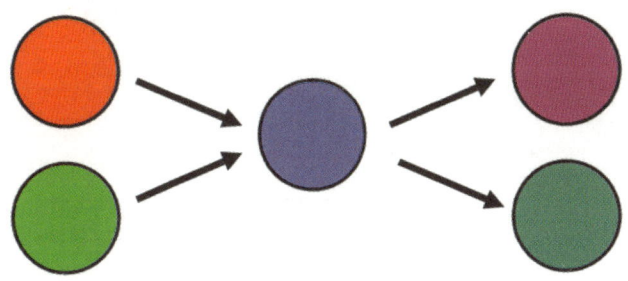

图3-19 混入同一色调调和

图3-18：黄色与蓝色为补色，当两者相混合时颜色会变成灰色。

图3-19：一个纯色混入彩色之后它自身面貌特征也会发生变化。

4. 孟氏纯度对比基调

孟氏纯度对比基调主要通过将无彩色的纯度设定为黑、白及之间的过渡的各种灰色，来展现的层次感和丰富度。随着颜色鲜艳度的增强，纯度也逐渐增大，值得注意的是，最高的纯度值会因色相的不同而有所区别（图3-20）。

3.1.4 冷暖对比

1. 概念

色彩具有心理温度。暖色能激发神经系统的活力，促使血液循环加快，给人以温馨、舒适的感觉；而冷色使血液循环减缓，给人一种宁静、深远的感觉；中性色的冷暖感则取决于它们所处的环境，当与暖色搭配时，会呈现出一种冷感，与冷色搭配时，则会呈现出一种暖感（图3-21）。

2. 影响冷暖的因素

（1）明度。无彩色中，白色具有冷倾向，黑色具有暖倾向。白色或黑色融入有彩色时，会改变色彩的温度。冷色系在黑色或白色的调和下会向暖转化，而暖色系在黑色或白色的调和下，则会向冷转化；加入灰色调和则会向中性色转化。

（2）纯度。高纯度暖色更暖，低纯度冷色更冷，纯度越低，则越向中性色转化。

3. 冷暖对比是相对的

将绿色放在黄绿色中，绿色就成为了冷色；将绿色放在蓝色中，则会变暖（图3-22）。

4. 色彩的视觉感受

（1）色彩的远近（前进色和后退色）。明度高暖色感觉近，明度低冷色感觉远；暖色系一般为前进色，冷色系为后退色（图3-23）。

（2）色彩的膨胀与收缩感。前进性的暖色、明度高的色彩为膨胀色；后退性的冷色、明度低的色彩为收缩色。

（3）色彩的轻重感觉。日常生活中，白色的物体使人感觉轻飘，黑色的物体感觉沉重。色彩的轻重主要取决于明度，高明度色彩感觉轻，低明度色彩具有沉重感。颜色轻重感的依次顺序：（重）黑＞低明度＞中明度＞高明度＞白（轻）。

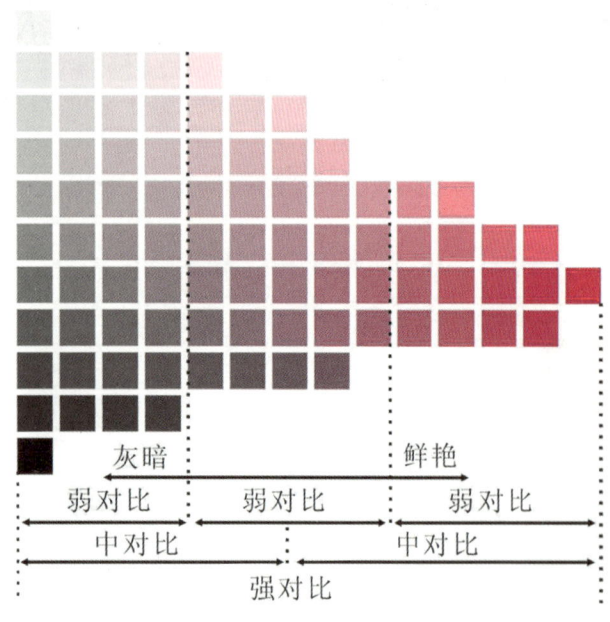

图3-20 孟氏纯度对比基调

图3-20：孟氏是指美国教育家、色彩学家、美术家孟塞尔，他创立的以色彩的三要素为基础的色彩表示法。

图3-21 暖色与冷色

图3-21：冷暖色给人心理感受带来的差别，从而形成的对比称为冷暖对比。

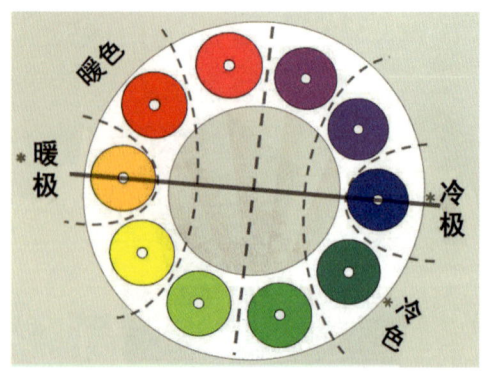

图3-22 冷暖极

图3-22：越临近的颜色，其冷暖的对比就越弱，当颜色到达冷暖两级——蓝色和橙色时，则形成冷暖的最强对比。

图3-23 前进色与后退色

> ★补充要点
>
> **面积对比**
>
> 1. 对于色调组合来说，只有相同面积的色彩才能比较出实际的差别，相同面积的色彩互相之间产生抗衡，对比效果相对强烈。
> 2. 对比双方的属性不变，一方面积增加，另一方相应减少，对比效果会随之减弱。
> 3. 色彩属性不变，色彩本身的影响力随着面积的扩大而增强，反之则减弱。这就是为何在环境艺术设计中，如建筑外墙、室内等，通常会采用高明度、低纯度的色彩，以降低色彩对比的强度，营造出明快、舒适的氛围。
> 4. 大面积色彩表现出较高的稳定性，这在色彩对比中容易产生一种对其他色彩的视觉错视影响，小面积色彩则容易受到其他色彩的错视影响。
> 5. 在相同性质与面积的色彩中，形状的聚、散状态对色彩的稳定性有着重要影响。形状聚集程度高的色彩其他色彩影响较小，注目程度较高；而形状分散的色彩则相反。

3.2 调和关系

设计色调调和与色彩对比分不开。色彩调和的实质是色彩对比因素的运用，而关键是处理好色彩对比的关系问题。

3.2.1 同一调和

同一调和是指当多种色彩呈现出显著的对比且显得不协调时，通过调整这些色彩的共有特征以降低其对比度，从而实现色彩的和谐与统一。同一调和涉及色彩的基本属性，包括明度、纯度和色相，其中一种属性被选定保持恒定，而其他两种属性则进行相应调整。调整的属性越多，色彩间的和谐感便愈发显著。

同一调和可分为单性同一调和与双性同一调和两种类型。

（1）单性同一调和，是将一种色彩属性（如明度或纯度）维持不变，而色相则被允许发生变化。以孟塞尔色立体为例，仅在相同色相页内对明度和纯度进行调整，才能实现色彩的和谐（图3-24~图3-26）。

（2）双性同一调和，是将两种色彩属性（如明度与色相）保持不变，仅对第三种属性（如纯度）进行调整，这样的调和方式可能会带来更为复杂且丰富的视觉效果（图3-27～图3-29）。

图3-24　单性同一明度

图3-24：明度不变，变化色相与纯度，不调和或可能调和。

图3-25　单性同一纯度

图3-25：纯度不变，变化色相与明度，不调和或可能调和。

图3-26　单性同一色相

图3-26：色相不变，变化纯度与明度，调和。

图3-27　双性同一明度

图3-27：仅改变明度，纯度和色相不变，调和。

图3-28　双性同一纯度

图3-28：仅改变纯度，明度和色相不变，调和。

图3-29　双性同一色相

图3-29：仅改变色相，明度和纯度不变，调和。

> ★ 补充要点
>
> **色彩的均衡**
>
> 　　色彩搭配的和谐性是一项核心视觉要素，其涵盖色彩在空间中的布局与配置，目的在于形成一种令人愉悦的视觉效应。艺术作品通过对比和调和不同色彩、尺寸及亮度，使观者感受到一种均衡的视觉印象。
>
> 　　色彩平衡可被划分为两种模式：对称平衡和非对称平衡。在绘画创作中，对称平衡的使用相对较少，这种平衡形式可能会导致作品显得过于平常。它通常与庄重或永恒的主题紧密相连，如达芬奇的《最后的晚餐》所示。与此相反，非对称平衡则侧重于在视觉和心理层面实现平衡，借助色彩的深浅、大小等视觉要素的配置，以及色彩鲜明度与明暗对比的和谐，调配出一种在变化中的稳定感。

1. 同一明度调和

对色彩的明度特性进行微调，色相与纯度的变动被控制在最小范围内，此法被称作同一明度调和。具体而言，此方法涉及在配色实践中，通过添加白色或黑色以调整特定色彩的明度，而保持其固有的色相与纯度稳定。通过这种方式，色彩原有的鲜明对比得以削弱，从而使得整体色彩布局更显和谐与均衡（图3-30）。

2. 同一纯度调和

调整色彩纯度，而保持色相与明度不变，以此实现画面的和谐统一，此法被定义为同一纯度调和。在这种调和方式下，色彩的鲜艳与浑浊程度产生微妙的变动，进而在视觉上营造出一幅柔和且带有朦胧美感的效果。在塞尔色立体模型中，即便是同色相、同明度但纯度有所差异的内部调和，亦被归类为同一纯度调和（图3-31）。

3. 同一色相调和

更改色彩的色相，维持其明度和纯度不变，这种方法被称为同一色相调和。该方法的核心在于通过在多种色彩中融入一致性色相，或者相互交融以实现色彩的和谐，从而在画面上形成一种层次丰富且协调的色彩效果（图3-32）。

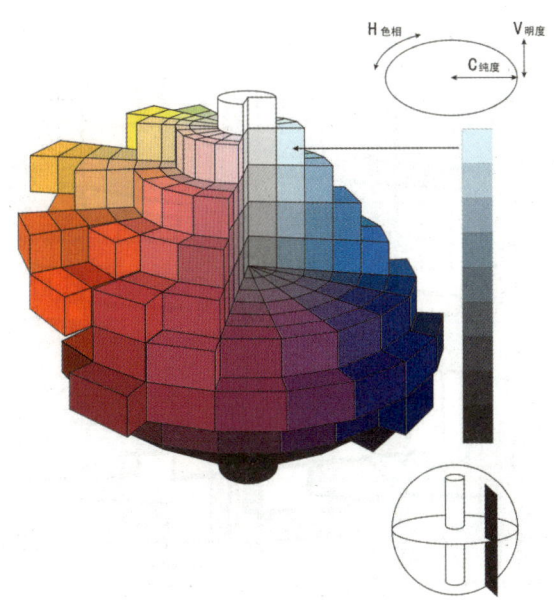

图3-30　孟塞尔垂直调和

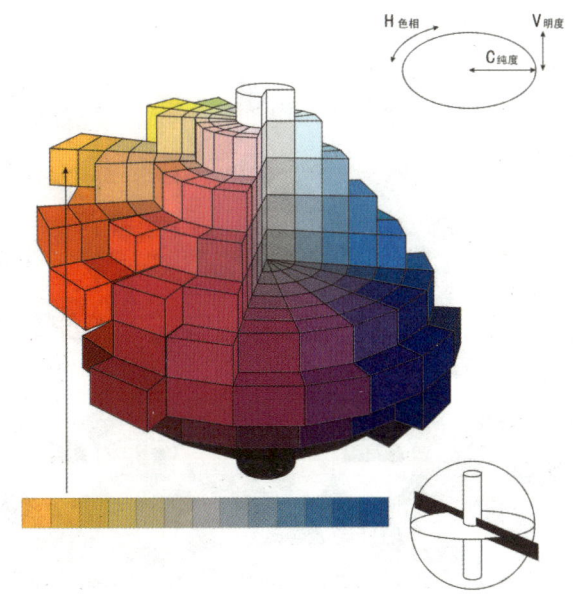

图3-31　孟塞尔内面调和

图3-30：孟塞尔垂直调和展示了一种特定的调和方式，即孟塞尔色立体中，同色相与同纯度条件下的垂直调和。在此情形下，各色彩在垂直纵剖面中仅存明度上的差异，而保持纯度和色相的一致性。

图3-31：孟塞尔内面调和所描绘的是孟塞尔色立体中同色相与同明度，但纯度不同的内面调和，这种调和同样归类于同纯度调和的范畴。

图3-32 同一色相调和

图3-32：灰色与其他色彩或色彩组合搭配时，均能呈现出调和的效果。灰色在此扮演了缓和剂的角色，作为一种缓冲色彩，能够缓解不同色彩间的冲突，从而解决色彩搭配上的不和谐问题。

3.2.2 重复调和

重复作为形式法则的一种基本方法，其本质在于将多种色彩和形状的混合体视为一个连贯的整体，并在此基础上进行复制与有序排列。这一过程有效地促进了色彩搭配的和谐性，并且极大丰富了观众的视觉感受。通过对元素的重复运用，不仅形成了视觉上的连续性，也赋予了作品更深层次的审美价值（图3-33）。

3.2.3 色调调和

美术绘画、艺术设计其作品的色调是指作品中色彩外观基本倾向，在色相、纯度、明度三要素中，哪种要素起的作用大，即以一种主色和其他色的组合搭配形成的画面色彩关系，色调并不是颜色的性质，而是色彩的色相、明度、纯度、面积、冷暖等诸多因素构成的复合概念，是画面的总体色彩效果评价——就是构成色彩的总倾向，也称色彩基调、色彩的调子等。

色调应用最多的是色彩的明度，其次是色相和纯度。从色彩的明度上来分，有明色调、暗色调、灰色调；从色彩的纯度上分，有清色调（纯色加白或黑）、浊色调（纯色加灰）；从色性上来分，有暖色调、冷色调、中性色调；还可以从色相上来分，如紫

（a）低纯度重复调和　　　　　　　　　　　　（b）高纯度重复调和

图3-33 重复调和作品示意

图3-33（a）：低纯度的重复调和通过深灰色背景的运用，以形成统一的基调，从而衬托出整体的色彩效果。

图3-33（b）：展示了如何在缺乏统一感的配色基础上，利用高纯度的重复调和。通过增加黑色与白色来凸显同一单元或色形，从而增强整体配色的调和感。

色、浅紫、深紫和灰紫就属于紫色调。因此，色调不仅有统一和协调的色调，而且也包含对比和刺激的色调，没有变化、没有对比的色调就是我们常说的单调。

色调调和是指在颜色配置中，将相似颜色的色素进行混合、搭配后，形成一种新的颜色，色调调和有以下形式。

1. 主次调和

主次调和是通过对某一特定色彩的强调，创造出一种和谐而富有层次的画面效果，营造一种统一而富有张力的视觉体验。主色调一般是画面上最显眼的色彩，是画面的中心，确定了画面的基调，传递出特定的情感与氛围，使整个画面呈现出一种协调统一的美感；次色调是画面的辅助，围绕着主色调进行色彩的配置和调整，受主色调统筹支配。主次色调的调和统一，能保证画面整体的和谐统一，不失个性，是避免色彩混乱、纷杂和不和谐的秘诀（图3-34）。

2. 基调调和

基调色是指作品的基调色彩，是画面整体中占据最大面积的背景色彩，成为作品传达情感和氛围的基础色彩。基调调和是通过对作品整体的统一来实现的，以此来达到一种协调的美感效果（图3-35）。

3. 色量调和

当多种色彩被置于同一视觉空间时，它们之间应该如何分配面积比例，以达到一种视觉上的和谐，就是色量调和问题。色量调和主要通过对色彩的面积分布以及色彩之间的连续性进行调整，无需对色彩的色相、明度和饱和度等基本属性做出修改。通过这种方法，可以在多样的色彩配置中创造出一种和谐统一的视觉效果（图3-36）。

（1）面积调和。色彩的三要素保持不变，仅调整色彩的面积大小，同样可以实现对色彩视觉冲击的增强或减弱，从而达到调和的效果。在配色中，如果想要某个颜色显得更加强烈，我们应当相应地减少其面积；相反，如果想要某个颜色显得更加柔和，我们则需要增加其面积。这就是色彩面积调和的基本原则所在（图3-37）。

（a）主色调、次色调重复 调和

（b）主次色调调和

图3-34　重主次色调调和

图3-34（a）：从视觉心理角度去看，有时候虽然主色调不占据画面的主要面积，却能形成视觉的中心，形成画面的主次关系。

图3-34（b）：主色调支配次色调形成视觉统一。

图3-35 主基调白色
《银装》

图3-35：白雪的覆盖下整个世界看起来是白色的冷色冬天。

图3-36 色量平衡比例

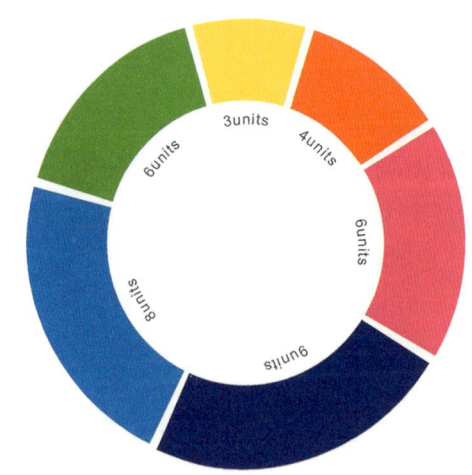

图3-37 面积对比调和色轮图

图3-36：伊顿认为平衡的色量比例应该是红：绿=1/2：1/2；黄：紫=1/4：3/4；橙：蓝=1/3：2/3。

图3-37：此图为原色和间色按调和面积的比例分配的色轮，只有严格按上面的面积并均为高纯度色，而且色相正确，经旋转才能混出中间灰色（中性灰）。

（2）分割调和。色彩分割主要通过采用无彩色系（如黑、白、灰）、特殊色系（如金、银）或单一色彩来分隔不同色彩，以实现色彩的和谐统一。在某些情况下，如果色彩对比过于突兀或混合过于模糊，画面整体效果可能会受到影响。为了克服这一问题，艺术家会采用相互连接的同色系线条来勾勒色块，相当于加入一种新的色彩。分割色线的粗细将决定画面效果，分割的色彩越单一，线条越粗，那么色彩的同一性就会越强，调和的效果也会越明显（图3-38）。

（a）无色彩分割调和　　　　　　（b）特殊分割调和

图3-38　分割调和

图3-38（a）：分割调和也可以看成是上文的"同一色相调和"的一种特殊方式。

图3-38（b）：中国清代高等级的和玺彩画和旋子彩画就是利用沥粉贴金线锁边来统一画面的。沥粉贴金的主要作用是突出线路，分清主体图案与各细部图案的关系，以达到既富丽又和谐的华彩效果。

> ★补充要点
>
> **室内装修与色彩调配的基本原则**
>
> 1. 室内色彩要注重整体效果；
> 2. 选用装饰材料要充分了解材料的色彩特性；
> 3. 要考虑色彩与照明的关系。因为光源的不同会带来不同的色彩变化；
> 4. 要考虑色彩与室内风格样式的协调；
> 5. 选用颜色要注意使用者的个人喜好与性格，考虑使用者的心理适应能力。

3.3　案例解析：设计色彩作品赏析

在设计色彩的著名绘画作品中出现了使用对比、调和的绘画手法（图3-39～图3-44）。

暖色能促使人体血液循环加速，从而给人温暖的感觉。

用冷暖差别而形成的对比称为冷暖对比，也是色彩给人心理上的作用。

冷色会使血液循环降低，身体产生凉爽、寒冷的感觉。

图3-39　红与蓝

画中黄花的投影及边缘背景上有蓝紫色的色彩成分，这就是补色现象。

灵活地运用补色原理在绘画作品中制造强烈的色彩对比效果能够达到特定的艺术氛围。

图3-40　花束

图3-41 凡·高《向日葵》

这幅作品仅由绚丽的黄色色系组合,线条随意,大胆肆意,在明亮而灿烂的底色上构成不同的色调与气势。

图3-43 夏加尔《我和我的村庄》

图3-43:表现故乡的绘画中,夏加尔笔下的维捷布斯克总是呈现一派静谧和谐的景象,从不吝啬地用浓墨重彩去表达自己对家乡的热烈情感。

图3-42 马蒂斯《红色工作室》

图3-42:用单纯的、统一的红色块,遮满地板和墙壁。一条白线与画面成一角度向里延伸,与第二条差不多和画面平行的线相交,便形成了房间的一角。

图3-44 丰子恺《双燕》

图3-44:这幅作品采用留白的方式,左下角为绘画主题,利用山坡以及柳树为房屋进行遮挡,促使画面形成前、中、后景。

本章小结：

当两种或两种以上的色彩并置时，就会产生各种对比现象，这决定了色彩在室内设计中的关系处理，同时也表现色彩的美学价值。所有的视觉现象都是由色相、明度、纯度的对比造成的。

●课后练习

1. 简述色相对比。
2. 简述明度对比。
3. 简述纯度对比。
4. 如何降低色彩饱和度？
5. 简述冷暖对比。
6. 什么是同一调和？
7. 简述主次调与基调调和的区别。
8. 自选主题，用本章节纯度对比的方法绘制一幅8开设计色彩作品（作业数量：1份）。使用8k水粉纸完成作品（建议完成课时：4课时）。
9. 作为我国民间艺术代表之一：年画、脸谱。其用色方式大胆，纯度极高，画面鲜明、亮丽，但却十分和谐，请思考其中运用了哪些色彩表现方式。

第4章
设计色彩表现方法

学习目标： 提高色彩表达能力，运用色彩搭配原则进行视觉设计和美化作品。

识读难度： ★★★★☆

重点概念： 色彩限制、色彩推移、空间混合、解构与重构应

章节导读： 色彩在现代艺术设计的诸多领域中扮演了至关重要的角色，如广告、插图、标志设计、建筑外观和服装设计等，它在装饰生活和满足物质需求的同时，也能给人带来精神享受。在绘画写生中，艺术家可以根据个人喜好自由运用和表现色彩。然而，在设计领域，需要考虑到广泛的受众和功能性，色彩的使用不允许带有太强烈的个人偏好（图4-1）。

图4-1：清洁用品在生活中已有相应的色彩装饰，在进行清洁用品的设计色彩时需按照日常生活中的配色、颜色来进行刻画、表达。

图4-1　清洁用品

4.1 设计色彩表现形式与方法

在艺术设计过程中，设计色彩是设计师对色彩进行搭配设计，运用对比、互补、类似和同色调表现统一和谐的效果。设计色彩的表现方法基于一致性原则，避免混乱，从而增加视觉的舒适感和美感。

4.1.1 色彩限制

1. 三原色为主的色彩限制

在色彩学领域，三原色是指色彩中不再能分解的三种基本颜色。三原色概念分为两大类别：光学三原色与颜料（或染料）三原色。

（1）光学三原色指红、绿、蓝，它们是由物理学家托马斯·杨在1802年提出的，这一概念通常被称为RGB颜色模型，通过调节这三种颜色的光线强度，可以生成色环上各式各样的颜色[图4-2（a）]。

（2）颜料三原色指红、黄、蓝，所有其他颜色都是由这三原色以不同比例混合产生的[图4-2（b）]。

（a）光学三原色　　（b）颜料三原色

图4-2　光学和颜料三原色

图4-2（a）：光学上的三原色，也称为色光色由红、绿、蓝三种颜色构成，如电影、电视、电脑等影视图像，显示的色彩。

图4-2（b）：颜料三原色即由红、黄、蓝。从狭义上讲，色彩主要是指颜料色，它是从事绘画学习的主要研究课题之一。

（3）三原色又被称为第一次色，不能通过混合其他颜色得到，其他颜色也无法像三原色那样混合出色环上所有的颜色。

（4）三原色与色彩三要素（色调（色相）、饱和度（纯度）、明度）之间的关系：三原色是构成所有色调的基础，它们各自带有冷暖色调，如红色与黄色是暖色，蓝色是冷色，并且在明暗层次上存在变化。此外，三原色的色彩饱和度是最高的，意味着它们能够产生最纯净的颜色效果。

> ★补充要点
> **在作画过程中运用红黄蓝限色构成时应注意的问题**
> 1. 为提升图像色彩的纯度和表现力，在色彩使用上应尽量避免混合，保留色彩的原始特质，以实现对色彩特性的夸张和强化，进而增强视觉冲击力；
> 2. 利用底色或色线作为画面的辅助，以此来构建色彩倾向为红黄蓝的画面结构；
> 3. 在以红黄蓝为主的色彩配置中可以突破限制，适当地加入其他色彩元素。绿色能够与其他颜色在视觉上形成互补，从而丰富整体的色彩层次和视觉体验。

三原色表现使色彩个性特别强，色彩生命力强，也不容易发生变色（图4-3）。

2. 同类色限制

画面色调的选取往往集中在单一色彩范围内，并通过加入不同明度和饱和度的浅灰色调，达到一种和谐与纯净的视觉体验，丰富整体的色彩层次感（图4-4）。

3. 六种以下任意色的限制

六种颜色以下的限制，能够限定色彩范围，不至于使画面过于繁杂和跳脱。实际上，所谓的六色上限更多是一个理论上的界定，而在实际操作中，设计师会在两到四种颜色之间做出选择，这种限色广泛应用于传统版画与印刷套色上。密斯·凡·德·罗受到"包豪斯"学派的影响，倡导"少即是多"的设计理念，

图4-3 以红、黄、蓝为主的色彩表现

图4-3：以红、黄、蓝为主的色彩表现作为色相有重要的意义，从认识上逐渐强化色彩的原始性，不局限于只对外在自然的再现，而是对色彩的重新设计、整合和协调，以提高色彩的纯度，从达成以红黄蓝为主的画面色彩构成。

（a）玻璃瓶、罐子与水果

（b）花瓶、水果与酒瓶

图4-4 同类色限制

图4-4（a）：利用色彩的推移，使画面单纯的色彩产生深浅变化，这种变化往往是一种色彩渐变的推移。这幅画采用同类色的接近色来表现画面的色调。

图4-4（b）：运用同类色的原理可以将色彩组织成色彩饱和度高、和谐的色调，避免画面色彩灰暗。

> ★补充要点
> **写生限制色彩表现时应注意四种情形**
> 1. 对比色的运用。不管是采用纯色还是中间色，对比色都以醒目的色块形式出现，强调色彩本身的鲜明特性。
> 2. 大面积底色配置少量色。通过在大的底色上施以少数色彩，能够有效地主宰整个画面的色彩印象，直接传达艺术作品的色彩语言。
> 3. 使用黑白配色。尽管黑白本身并非色彩的基本色调，但在艺术作品中作为限制色彩使用时，它们能够因其对比而变得格外显著，各自展现出独特的艺术魅力。
> 4. 相关技法。限色一般采用平涂的方式。当然，艺术家们也常常将平涂色彩进行叠加，创造出丰富多变的肌理效果。

对现代艺术界产生了深远影响。在现代艺术创作中，使用不超过六种颜色的色彩搭配几乎成为现代色彩艺术的象征。

4.1.2 色彩推移

1. 色彩推移的特点和种类

色彩的推移是指色彩的有序演进，通过色彩的连续性和规律性变化，引发观者的视觉流动感。色彩的转换是逐步且系统的，色彩层次的推移并非孤立发生，而是后一层次巧妙地融合进前一层次，实现从一色到另一色的无痕过渡，具有强烈的运动感、节奏性和装饰性。

（1）色相推移。色相推移是指由一个色相逐渐过渡到另一个色相。这种渐变可以是按照色相环的顺序，从冷色系到暖色系，或者从暖色系到冷色系。如果色相推移是按照光谱的色波长顺序进行的，无论包含多少色阶，都可以称之为"全色相推移"。为了让画面更加丰富多彩，还可以考虑加入白色、浅灰、中灰、深灰甚至黑色等不同色调，使画面中的色彩过渡更加自然，视觉效果也会更加丰富（图4-5）。

（2）明度推移。明度推移是指通过加白或加黑

设计者采用360°色相环上的色相推移变化，设计出近似花卉图形的色相过渡变化。

这类采用色相推移的方式来表达的名片信息适用范围很广，适合设计、化妆、广告、装饰、传媒等行业人员的名片设计。

图4-5 色相推移

来逐步改变色彩的明亮程度，形成明度递变。这种明度的递变过程，可以表现为由浅到深或由深到浅进行的过渡，还有排列、组合等形式，创建出一种视觉上的渐变效果。在艺术设计、视觉传达以及色彩心理学等领域，明度推移的应用能够极大地影响观众的感受和认知（图4-6）。

（3）纯度推移。纯度推移是指色彩饱和度的变化，是从鲜艳的纯色向中性色黑、白、灰逐步过渡的过程。这种色彩变化不仅能够丰富作品的层次感，还能增强色彩的表现力（图4-7）。

（4）冷暖推移。色彩冷暖的感知是人类视觉经验的一个方面，体现在人们对不同颜色的心理联想上。如，红色、橙色以及黄色常被视作暖色系，其原因在于这些颜色与太阳、火焰等自然现象相联系，从而激发了人们的温暖感受；蓝色和绿色被归类为冷色系，因为它们与夜晚、水资源以及宁静的天空相呼应

（a）蓝、黄色推移　　　　　　　　　　　　（b）黄色推移

图4-6　明度推移练习图

图4-6（a）：在明度推移中不宜选用明度太高的颜色，因明度太高，加白以后产生的明度级数较少，推移效果不明显。可用一色，也可用多色，但是要避免产生杂乱的感觉。

图4-6（b）：明度推移给人以明显的空间深度和光影幻觉。

（a）黄色纯度推移　　　　　　　　　　　　（b）星空塑造纯度推移

图4-7　纯度推移练习

图4-7：构成中纯色和灰色的明度可有变化，但不宜太过悬殊。

（图4-8）。

（5）综合推移。色彩推移是指色彩三属性，即色相、明度和纯度的变化。设计师综合运用这些色彩属性，将色彩的三个要素相互结合，创造丰富的视觉效果（图4-9）。

2. 色彩推移的基本构图形式

色彩推移作为一种独特的艺术表现手法，不仅仅是简单地改变色彩的明度或饱和度，而是在整个画面

（a）暖冷推移《静物组合》　　　　　　　　　　（b）冷暖推移《月季花》

图4-8　冷暖色调推移

图4-8（a）：由暖色逐渐变化到冷色或由冷色变化到暖色所组成的色彩都称为冷暖推移。
图4-8（b）：冷暖推移除具有推移构成所具有的律动美之外，还具有明确的冷暖色彩对比，画面感活泼。

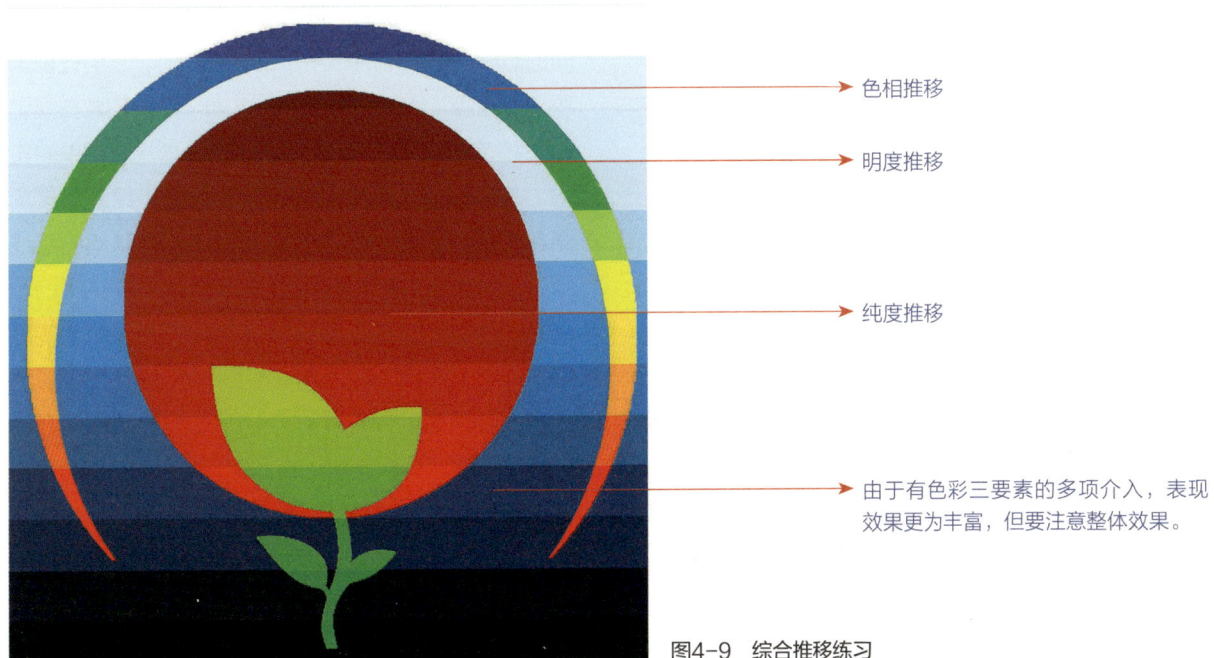

→ 色相推移

→ 明度推移

→ 纯度推移

→ 由于有色彩三要素的多项介入，表现效果更为丰富，但要注意整体效果。

图4-9　综合推移练习

（a）平行推移　　　　　　　　　　　　　　　　　（b）放射推移

图4-10　色彩推移的构图

图4-10（a）：将色彩按照平行的垂直线、水平线、斜线、曲线或不规则间隔或不等间隔条纹状，有秩序地安排。
图4-10（b）：有定点放射、同心放射和综合放射。

中通过色彩的布局，形成一种动态的视觉流程，引导观众的视线按照创作者的意图游走。色彩推移常见的几种类型包括平行推移、放射推移（图4-10）和综合推移。

（1）平行推移，在画面上标定线状色彩，以色彩渐变或图案排列的手法，将之向其他方向平行延伸。

（2）放射推移，又称电波放射，是指通过一个或多个发射点，以同心圆、同心方、同心三角、同心多边等几何图形为基本框架，将色彩向外进行有组织推移。

（3）综合推移。是一种将平行推移与放射推移结合的手法，将二者在同一个画面中进行巧妙安排，从而形成作品形态上的对比，如曲直、宽窄、粗细等。这种构图方式使得视觉效果更为丰富。然而，为了避免出现散乱、花哨、杂乱无章等问题，画面通常只有一个中心或主体。

4.1.3　空间混合

1. 概念与起源

空间混合指不同颜色光线在人眼视觉系统中的交互作用引发视觉感知的混合。当多种颜色的光线以不同的时间序列或同时作用于视觉器官时，它们在视觉中相互融合，给人以新的色彩感知。这种现象在视觉科学和艺术领域都有广泛的应用。做一个简单的实验。取一个色彩分割的圆盘，如半红半绿，当这个圆盘快速旋转时，观察到的颜色不再是简单的红或绿，而是介于两者之间的金色。同样，如果圆盘的一半是红色，另一半是蓝色，高速旋转后，观察到的颜色则倾向于紫罗兰色。这种颜色变化是由于不同颜色的光线在短时间内连续刺激视网膜导致感知混合的结果。

2. 色彩空间混合规律

（1）凡是互补色关系的色彩按一定比例的空间

混合，可以得到无彩色系的灰和有彩色系的灰。如：红与青绿的混合可得到灰、红灰、绿灰（图4-11）。

（2）非补色关系的色彩空间混合时，产生二色的中间色。如：红与青混合，可得到红紫、紫、青紫。

（3）有彩色系色与无彩色系色混合时，也产生二色的中间色，如：红与白混合时，可得到不同程度的浅红。红与灰的混合，得到不同程度的红灰。

（4）色彩在空间混合时所得到的新色，其明度相当于所混合色的中间明度（图4-12）。

（5）色彩并置产生空间混合是有条件的。

图4-11　色彩互补的混合《郊外》

图4-12　色彩混合后的明度控制《天地山河》

图4-11：混合之色应是细点或细线，同时要求密集状，点与线越密，混合的效果越明显。
图4-12：色点的大小，必须在一定的视觉距离之外，才能产生混合。一般为1000倍以上，否则很难达到混合效果。

> ★补充要点
>
> **色彩的空间透视**
>
> 　　物体的颜色随着距离的远近呈现出明暗与强度的差异，这种现象通常称作色彩的空间透视或空气透视。远处的物体看起来较为冷、灰、淡，这主要是由于大气对蓝色天空光线的散射，以及远处物体受到空气中灰尘的遮挡，导致暖色光较少到达我们的视线，因此，远物反射的光线在反射能力和明暗对比上相对较弱，颜色趋于淡化、灰化及冷化，空气透视正是基于这种颜色变化的原理。室内写生与风景写生相比距离较短，色彩的空间透视效果不那么显著，但透视原理相同。为了增强画面的深度感，有时应当加大远近物体在色彩上的对比，以此来拉大空间透视的效果。

4.2 色彩解构与重构

色彩的解构与重构即通过重新组合和创造来构建新的色彩形象。这一过程涉及对色彩物理属性的理解和对色彩心理效应的把握。艺术家在解构原有色彩组合的基础上，注入个人理念，以此来塑造独特的视觉体验，形成全新的色彩形式和视觉语言。

4.2.1 解构

解构色彩包括色彩解构与色彩重构两个过程。色彩解构是对色彩的采集、筛选和初步构想，它为后续的重构活动奠定基础。重构阶段，艺术家会将原有元素融入到新颖的架构之中，创造出全新的色彩模式，同时保持原作的基本意境和情感。色彩的解构更注重对个别要素的探究，而不是整体结构。色彩重构的过程包括对选定色彩样本的分析，将其中的基本色彩单位进行解构，打散原有的色彩组合，然后进行增添、删减和整合，对作品的整体色调、色块面积和形状进行重新设计，最终组合出具有明确设计的全新视觉形式（图4-13）。

解构主义理论根基可视为对格式塔完形理论的一种拓展。德语中，格式塔一词意指形状或形态。观察者眼中的事物，按照格式塔理论，能够构成一个具有高度组织性的统一体。格式塔心理学将"整体"作为核心观念，其独特之处体现在：即使整体组成部分的性质发生显著改变，整体仍能保持其存在。

在应用到视觉艺术，尤其是色彩理论时，结构主义会分析色彩的组织成分及其构成关系，但不仅仅停留在保持原有结构关系的层面。它更关注通过解构色彩的组织结构，引入新的构成元素和思维模式，来创造全新的形象和色彩形式。重点是从变化丰富的人为色彩和自然色彩中发现新的色彩组织形式，发现形成某种风格的色彩组成规律，从而启发新的创作灵感。

1. 人为色彩采集

包括传统色彩、民间色彩、绘画色彩等。我国的传统艺术包括原始陶器、商代瓷器、汉代漆器、陶俑、丝绸、南北朝石窟、唐代铜镜、唐三彩陶器、宋代瓷器等艺术品，均带着不同时期的科学文化烙印，各具典型的艺术风格，各具特色的色彩主调和不同品位的艺术特征。这些优秀文化遗产中的许多装饰色彩都是我们今天学习的范本。

传统色彩，是指一个民族世代相传的，在各类艺术中具有代表性的色彩特征。

民间色彩，是指民间艺术作品中呈现的色彩和色彩感觉。民间艺术品包括剪纸、皮影、年画（图4-14）、布玩具、刺绣等流传于民间的作品。这些创作中，寄托着真挚纯朴的感情，流露着浓浓的乡土气息与人情味，在今天看来，它们既原始又现代，极大地启发了画家的创造性。

图4-13 解构《忙碌的生活》

图4-13：解构主义是运用现代主义的词汇，却从逻辑上否定了历史上的基本设计原则（如美学原则、功能原则、力学原则）所构成的新的艺术流派，有人称之为解构主义，又有人称之为新构成主义。

绘画色彩，是指从水彩到油画；从传统古典色彩到现代印象派色彩；从拜占庭艺术到现代派艺术的色彩；从蒙德里安的冷抽象到康定斯基的热抽象等。

2. 自然色彩采集

自然色彩是指不依赖人力或社会关系，自然产生的颜色。自然色彩采集是指将自然界的色彩进行采集，并重新组合，创造出新的视觉效果（图4-15）。自然界的美丽景色，常常能够激发人们内心的美好情感。许多摄影艺术家致力于对自然的研究，他们通过对大自然的观察，对各种色彩进行提炼、归纳和分析，以此来开辟新的色彩创作思路。

图4-14 年画
图4-14：我国的传统艺术绘画作品中呈现的色彩和色彩感觉。

图4-15 色彩丰富的秋景

图4-15：浩瀚的大自然丰富多彩，幻化无穷，如蔚蓝的海洋、金色的沙漠、苍翠的山峦、灿烂的星光……有春、夏、秋、冬，有晨、午、暮、夜的色彩，有植物色彩、矿物色彩、动物色彩、人物色彩等。

★补充要点

图片色的采集

图像色彩是各类彩色印刷品上呈现的优秀摄影色彩与卓越设计色彩的集合。这些图像或许捕捉了都市夜晚的繁华喧嚣、湖水的宁静深邃，或秋叶的斑斓绚丽；也许展现了现代建筑的独特风貌、古城墙的沧桑质感，或从破旧的铁器到华丽金银钻戒的丰富对比。色彩的选择与搭配，为这些作品注入了无限生机与活力。在绘画领域，色彩的运用同样千变万化，涵盖了从水彩到油画，从古典到现代，从拜占庭到现代派等多种风格与流派。每一种风格和流派都有其独特的色彩语言，都是色彩运用的极致表现。

4.2.2 重构

在设计领域中，色彩的应用是一个深度探索与创新的过程，涉及色彩的解构与重构。色彩的重构即是对色彩元素进行创意性的重新排列和组合。这一过程不仅需要从自然或人造环境中汲取美好的、新颖的色彩，将其作为设计的基础材料，还需要在重新组合这些色彩时注入独特的创意。为了实现色彩的重构，设计师必须打破传统物象色彩的限制，对形态、结构、质感、风格及功能等方面进行全面的创新，但同时也应保持原色彩的基调、比例和基本色彩关系，以免破坏整体色彩的和谐（图4-16）。色彩重构的具体方法有以下几种：

1. 整体色按比例重构

将对象的色彩信息完整地采集下来，在原有色彩关系和分布的基础上选出几款典型的颜色。随后，以一种可以保持原始色彩情感和审美特性的方式将这些色彩应用于设计之中，这样能充分体现和保持原物象的色彩情调和美感。

2. 整体色不按比例重构

在完成色彩对象的全面采集后，创作过程中颜色比例的制定并非要严格遵循原有色彩关系。创作中的色彩运用展示出高度的灵活性，这意味着色彩比例可以根据画面的具体需求进行调整。此外，所采集的色彩可以重复使用，并能够通过多种调色手段进行转换，且重构后的作品依旧能够维持某种程度上的原作色彩感觉。

3. 部分色的重构

在色彩对象的色彩关系当中，任意选择所需要的色彩进行重构，打散原色彩组织结构，再重新组织色彩形象时，注入新的表现理念，构成新的色彩形式。原物象提供色彩启示，用色彩结果与原物象差别不大。

4. 色彩情调的重构

在原物象的色彩情调基础上进行重构，重构后的色彩可能与原物象的颜色接近，也可能与之有所差异，关键在于保持原物象的意境和情趣。这种重构不仅需要对色彩比例有较好的反映，更需要深入的感受和理解。

（a）移植法　　　　　　　　　　　　　　（b）重构法

图4-16　移植与重构

图4-16（a）：移植法能够充分体现和保持原物像的色彩面貌。
图4-16（b）：重构法的特点是色彩运用更加自由、生动，并且不受原配色关系的约束。

4.3 服装色彩设计案例

色系是指颜色所属系别，它可以分为无彩色和有彩色两大类，无彩色如黑、白、灰，有彩色如红、黄、蓝等。每种颜色都有不同的特性，每个色系都有独特的感情表达。不同的色系在服装配色设计中都会产生不同的效果。

4.3.1 红色系

在服装设计领域，红色被视为一种富有表现力的色彩，尤其常见于女性和儿童服饰，它象征着青春、活力以及乐观的态度。由于色相、明度和纯度的不同，不同红色用在服装设计上会产生不同的情感。朱红在视觉上传递出积极和热情，深红则展现出一种稳重的气质。紫红温文尔雅，绯红则显得明快而艳丽，玫瑰则是华丽与鲜艳的代名词，而酒红则深沉且

显得雅致。粉红则以其端庄和柔和的特质，营造出一种轻松温馨的氛围。在不同的色彩搭配和设计中，红色能够呈现出多种情感和风格，设计师们巧妙地运用色彩，旨在展示穿着者的个性，传递积极的生活态度（图4-17、图4-18）。

4.3.2 橙色系

橙色，以其明快的特性，成为传达活力与热情的标志色彩。在不同的应用场景中，通过调整其亮度和纯度，橙色能够展现出多样的情感和氛围。橙色常用于户外运动装备、秋冬季服装以及儿童服饰的设计中，传达出积极的心态。

低饱和度、高亮度的橙色常给人以温柔细腻、慈祥体贴的印象，这种色彩往往和沉静、安详的情感联

图4-17 红色细分种类

图4-17：红色主要通过纯度来表现差异性，可以适度加入白色、黑色来调节对比差异，纯度高的红色主要用于主打色，纯度低的红色作为辅助色。

系在一起。反之，高饱和度低亮度的橙色，则可能带有古色古香、悲观或者压抑的情绪。在色彩搭配上，需要避免将橙色与紫色或是深蓝色搭配，以防造成视觉上的沉重和郁闷感。灰色与橙色的搭配则尤为和谐，这种组合能够使得设计在色相减轻或变得更加暗沉之后，依然保持其广泛的适用性和吸引力（图4-19、图4-20）。

（a）高纯度红色长袖裤　　　　　（b）弱纯度红色套装　　　　　（c）浅粉红色长裙

图4-18　配色应用

图4-18（a）：高纯度红色的性格强烈，为活泼好动的人所喜爱，可以营造出一种乐观、富有朝气的形象。

图4-18（b）：多种红色搭配时，要充分考虑到明度、纯度以及色彩面积等因素的影响，注意把握好红色的纯度，形成完全不同的穿着效果。

图4-18（c）：一袭浅粉红色的长裙在热烈中蕴藏着几分含蓄、温柔，搭配个性化的服装设计使整体显得清新别致，醒目而亮丽。

橙色
CMYK:C0 M80 Y90 K0
RGB:R234 G85 B32

柿子色
CMYK:C0 M70 Y75 K0
RGB:R237 G110 B61

橘黄色
CMYK:C0 M70 Y100 K10
RGB:R237 G109 B0

太阳橙
CMYK:C0 M55 Y100 K0
RGB:R241 G141 B0

热带橙
CMYK:C0 M50 Y80 K0
RGB:R243 G152 B57

蜂蜜色
CMYK:C0 M30 Y60 K0
RGB:R249 G194 B112

杏黄色
CMYK:C10 M40 Y60 K0
RGB:R229 G169 B107

金盏花橘色
CMYK:C0 M40 Y100 K0
RGB:R247 G171 B0

浅茶色(米色)
CMYK:C0 M15 Y30 K15
RGB:R227 G204 B169

浅土色
CMYK:C20 M30 Y45 K0
RGB:R211 G183 B143

驼色
CMYK:C10 M40 Y60 K30
RGB:R181 G134 B84

椰棕色
CMYK:C50 M80 Y100 K40
RGB:R106 G51 B21

棕色(茶色)
CMYK:C45 M75 Y100 K40
RGB:R113 G59 B18

咖啡色
CMYK:C60 M70 Y100 K25
RGB:R106 G75 B35

图4-19　橙色细分种类

图4-19：橙色主要通过纯度来表现差异性，可以适度加入黄色、黑色来调节对比差异，纯度高的橙色主要用于服装的主打色或装饰色，纯度低的橙色也可以用于主打色，但是一定要搭配其他高纯度色彩点缀。

（a）高纯度橙色外套　　　　　　　　（b）橙红色大衣　　　　　　　　（c）茶色系穿搭

图4-20　配色应用

图4-20（a）：橙色系服装配色有一定难度，但配色得当也会非常具有个性，如搭配深浅不同的橙色，和谐且富有变化，也可以搭配少量图案吸引注意力。

图4-20（b）：橙色和红色的搭配，可以将橙色作为主打色来传达热情、活跃、热烈的信息，向下渐变为深红色，表现出沉稳的视觉效果。

图4-20（c）：当橙色变淡或变暗浊之后运用较为广泛，尤其是淡米黄色或茶色系，搭配一些淡雅的色彩和图案，能营造出优雅复古的氛围感。

4.3.3　黄色系

黄色被认为是一种比较稳固的色彩，能够为服饰整体带来活力洋溢的气息。在纯黄色基底中掺入不同比重的其他色彩的，可以呈现出多样化的色相和性格。如，若将红色加入黄色可以转变为温暖橙色；而蓝色的少量加入则可能导致绿色的出现。设计中需要突出黄色所蕴含的积极特质，当其与如橙色、褐色等暖色系搭配时，能够传递出一种温馨的视觉体验（图4-21、图4-22）。

4.3.4　绿色系

绿色作为间色，包含了黄、蓝两种色彩成分，根据掺入的比例不同，会有两种倾向。掺入较多黄色的绿色会显得稚嫩、活泼；掺入较多蓝色的绿色显得稳重、有内涵。绿色将黄色的温暖感与蓝色的寒冷感相抵消，使得绿色平和安稳，是一种恬静且有活力的色彩。选择与绿色相接近的色彩与之搭配，视觉效果会更有整体感，并给人带来活力四射的感受（图4-23、图4-24）。

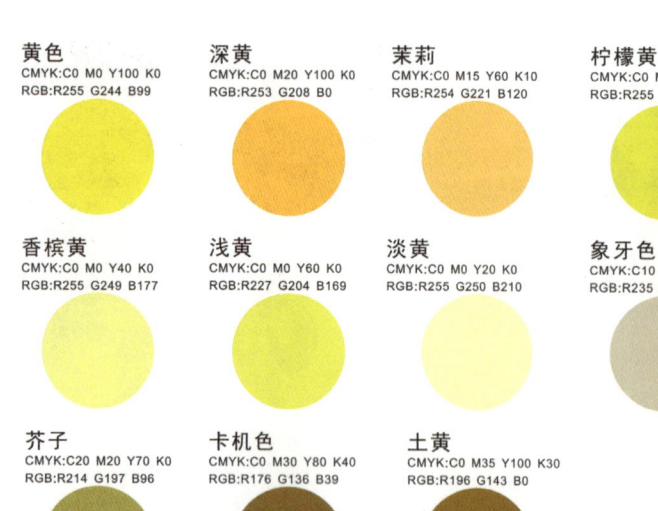

图4-21 黄色细分种类

图4-21：黄色主要通过明度来表现差异性，可以适度加入白色、灰色、黑色来调节对比差异，各种明度的黄色都可以用于服装的主打色或装饰色，但是辅助搭配色不能与之对比过强。

（a）黄色与红色搭配　　（b）深黄色穿搭　　（c）淡黄色穿搭

图4-22　配色应用

图4-22（a）：以温暖的红色印花装饰作为点睛色，冲淡黄色本身的感觉，使连衣裙的整体款式十分优雅得体，印花元素也充满了精致感。

图4-22（b）：深黄色的西装套装，搭配同种色系的黄色显得更加明亮醒目，非常符合秋季氛围。

图4-22（c）：色调偏白的黄色OL裙装非常有层次感，整套搭配起来很出彩，不仅显白，而且衬托出知性优雅的职业女性气质。

绿色
CMYK:C100 M0 Y100 K0
RGB:R10 G154 B56

黄绿
CMYK:C30 M0 Y100 K0
RGB:R196 G215 B0

苹果绿
CMYK:C45 M10 Y100 K0
RGB:R158 G189 B25

嫩绿
CMYK:C40 M0 Y70 K0
RGB:R169 G208 B107

叶绿
CMYK:C50 M20 Y75 K10
RGB:R135 G162 B86

草绿
CMYK:C40 M10 Y70 K0
RGB:R170 G196 B104

苔绿
CMYK:C25 M15 Y75 K45
RGB:R136 G134 B55

橄榄绿
CMYK:C45 M40 Y100 K50
RGB:R98 G90 B5

常青藤绿
CMYK:C70 M20 Y70 K30
RGB:R61 G125 B83

钴绿
CMYK:C60 M0 Y65 K0
RGB:R106 G189 B120

翡翠绿
CMYK:C75 M0 Y75 K0
RGB:R21 G174 B103

灰绿(青瓷色)
CMYK:C55 M10 Y45 K0
RGB:R123 G185 B155

孔雀石绿
CMYK:C85 M15 Y80 K10
RGB:R0 G142 B87

薄荷绿
CMYK:C90 M30 Y80 K15
RGB:R0 G120 B80

军绿
CMYK:C71 M16 Y91 K67
RGB:R22 G76 B22

图4-23 绿色细分种类

图4-23：绿色可识别的范围较窄，可以通过明度、纯度、色相等多方面来表现差异性，尽量扩大各种对比，但是对比加大后容易偏离绿色的最初属性。各种绿色都可以用于服装的主打色或装饰色，黄色是绿色的主要辅助色。

（a）绿色与咖啡色穿搭　　　　　（b）亮绿色穿搭　　　　　　　（c）绿色与黄色系穿搭

图4-24 配色应用

图4-24（a）：绿色与常见的咖啡色、驼色、卡其色搭配最佳，组合起来简单又有新意，给人成熟稳重的感觉。
图4-24（b）：绿色不规则花边半身裙勾勒出女性的柔美线条，修身显瘦，整体的设计和新颖的褶皱元素，搭配高反光米色低胸上衣，更显性感时尚。
图4-24（c）：绿色与暖色系的黄色搭配，有青春、活泼的视觉效果，还有着一股酷帅的中性风，给人清爽、生动的感觉。

4.3.5 蓝色系

蓝色的色相感很强，不易与其他暖色搭配调和，蓝色会随着明度高低发生很大变化，并给人不同感受。明度低的蓝色浑浊、幽深，具有冷酷、悲伤的情感倾向，与高纯度色彩进行搭配，能表现出严谨的视觉效果，是商务类制服经常选用的颜色；明度高的蓝色纯净、明朗，能表现出积极、开朗的视觉效果，与少许低纯度暖色系搭配，能给人带来朝气蓬勃的视觉效果，与白色搭配，能表现出清爽、明快的视觉效果（图4-25、图4-26）。

蓝色 CMYK:100 M0 Y0 K0 RGB:R0 G160 B233	深蓝 CMYK:C100 M80 Y0 K0 RGB:R0 G64 B152	宝蓝 CMYK:C90 M45 Y10 K35 RGB:R0 G87 B137	水蓝 CMYK:C60 M0 Y10 K0 RGB:R89 G195 B226	钴蓝 CMYK:C95 M60 Y0 K0 RGB:R0 G93 B172

海蓝 CMYK:C100 M60 Y30 K35 RGB:R0 G69 B107	天蓝 CMYK:C100 M35 Y10 K0 RGB:R0 G123 B187	蔚蓝 CMYK:C70 M10 Y0 K0 RGB:R34 G174 B230	浅蓝 CMYK:C40 M10 Y0 K20 RGB:R139 G176 B205	淡蓝 CMYK:C30 M0 Y10 K10 RGB:R177 G212 B219

浅天蓝 CMYK:C40 M0 Y10 K0 RGB:R161 G216 B230	孔雀蓝 CMYK:C100 M50 Y45 K0 RGB:R0 G105 B128	蓝绿 CMYK:C95 M25 Y45 K0 RGB:R0 G136 B144	青蓝 CMYK:C60 M40 Y20 K20 RGB:R100 G121 B151	石青 CMYK:C100 M70 Y40 K0 RGB:R0 G81 B120

图4-25 蓝色细分种类

图4-25：蓝色可识别的范围较窄，可以通过明度、纯度、色相等多方面来表现差异性，尽量扩大各种对比，但是对比加大后容易偏离蓝色的最初属性。蓝色适用于服装的主打色，尽量不搭配暖色。偏绿的蓝色给人稳重、安定感；偏紫的蓝色给人轻佻、浮躁感。

（a）宝蓝色穿搭

（b）蓝色与驼色搭配

（c）浅蓝色穿搭

图4-26 配色应用

图4-26（a）：蓝色是永恒的象征，一身蓝色正装十分沉稳，给人很强烈的信赖感，蓝色吊带连衣裙穿尽显高雅。
图4-26（b）：蓝色与驼色的搭配毫不费力，是秋冬永不过时的色彩组合，深沉、温暖、高级又时髦。
图4-26（c）：浅天蓝色套裙能表现出优雅、知性的气质，宽体款型能表现出性感的一面，同时又能给人很舒适的穿着感受，具备强烈的文艺感。

4.3.6 紫色系

紫色的波长最短，在视觉艺术中往往象征着深邃与神秘。作为一种在色彩环中承前启后的存在，紫色由蓝色和红色调配而成，是冷暖色调的交融，通常用来展现个人的优雅与高贵的气质。对紫色色彩纯度的把握需谨慎，较低纯度的暗紫色相较于高纯度的亮紫色，在视觉上更能成就一种深邃的美感。紫色因其本身的暗色调特性，其色彩的明暗变化会引发观者不同的视觉体验。在搭配服装时，建议优先考虑较高明度的紫色，以营造出所需的服饰风格（图4-27、图4-28）。

紫色
CMYK:C50 M85 Y0 K0
RGB:R146 G61 B146

紫藤
CMYK:C60 M65 Y0 K10
RGB:R115 G91 B159

茄紫
CMYK:C80 M80 Y20 K20
RGB:R67 G58 B117

暗紫
CMYK:C50 M80 Y0 K50
RGB:R92 G37 B97

紫罗兰
CMYK:C70 M80 Y20 K0
RGB:R103 G71 B134

三色堇紫
CMYK:C0 M15 Y30 K15
RGB:R227 G204 B169

绛紫
CMYK:C60 M70 Y15 K0
RGB:R124 G91 B148

玫紫
CMYK:C60 M90 Y0 K0
RGB:R126 G49 B142

淡紫
CMYK:C60 M75 Y0 K0
RGB:R124 G80 B157

薰衣草紫
CMYK:C40 M50 Y10 K0
RGB:R166 G136 B177

紫丁香
CMYK:C30 M40 Y0 K0
RGB:R187 G161 B203

灰紫
CMYK:C25 M35 Y10 K30
RGB:R157 G137 B157

浅紫
CMYK:C20 M20 Y0 K0
RGB:R210 G204 B230

图4-27 紫色细分种类

图4-27：紫色的显色性较弱，色彩质地醇厚，给人带来庄重高贵的感受。紫色可以分为两个方向，即偏红或偏蓝，偏红的紫色显色性比不上红色，因此在服装设计中多用偏蓝的紫色，也就是常说的蓝紫色，在此基础上再增加黑色或白色，继续增加明度变化，更适合时尚女性的服装主色。

（a）紫色与白色搭配

（b）紫色与黑色搭配

（c）紫粉色穿搭

图4-28 配色应用

图4-28（a）：紫色与白色是最常见的组合，可以搭配出清新的梦幻感，紫色的开衫大衣设计精巧，白色打底衫若隐若现，极大地提升了浪漫感。

图4-28（b）：紫色与黑色是最保守的搭配方式，也是不会出错的搭配方式，两种颜色组合在一起，显得高贵沉稳。

图4-28（c）：浅紫色与粉色的搭配方法非常别致，上半身简约的单色衬托出下半身的细节设计元素，穿着效果非常好，有一种优雅贵气。

4.3.7 黑、白、灰色系

黑色具有多种不同的文化含义，在服装配色上永远属于百搭色。黑色比所有颜色更加富有内涵，可以完全掩盖其他颜色而引人注目，但是黑色会给人带来保守的感受。白色与各种鲜艳的色彩组合在一起时，往往容易引人注目。但白色服装会使人产生体型发胖的感受，因此体胖者一般不宜穿着白色。灰色不同于黑与白，并不会对各种颜色产生界定，利用灰色的深浅层次对比，能够营造出层次的渐进感，与其他色彩搭配时会显得朴素、优雅、低调，但不会显得单调，还具有丰富饱满的视觉感受（图4-29、图4-30）。

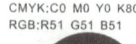

图4-29 黑、灰、白色细分种类

图4-29：黑、灰、白色能与任何颜色相搭配，只是比例设定会影响整体配色效果，其中灰色是黑色与白色之间的过渡，层次丰富，可以根据需要选配，深灰色可与各种浅色搭配，浅灰色也可与各种深色搭配。黑、灰、白色是调节各种色彩层次的最佳颜色。

（a）黑色系搭配

（b）白色系搭配

（c）灰色系搭配

图4-30 配色应用

（d）黑白搭配　　　　　　　　　　（e）黑灰色搭配　　　　　　　　　（f）黑色与多色搭配

图4-30　配色应用（续）

图4-30（a）：黑色具有高级感，但是增加了金色饰品装饰的服装，比单一的黑色更能体现高档、奢华的格调。
图4-30（b）：纯白色连衣裙搭配一条辅助的黑色腰带，能够将白色的净爽、简洁体现得淋漓尽致，给人纯洁、干净、舒畅的印象。
图4-30（c）：用不同灰度的灰色相互搭配，可以表现出时尚、个性的风格，且辅以淡淡的暖色调，看上去比较柔和。
图4-30（d）：黑白服装的色彩搭配造型变化多样，适合的人群最广，也是最经典的搭配方法，适合各种风格。
图4-30（e）：黑色配上中灰色，不仅低调还富有个性，且两者都是百搭显瘦的色彩，更能显出时尚高级感。
图4-30（f）：服装的造型会直接影响整体色调，通过小面积的高纯度色彩点缀能让黑色服装造型变得更加精致出众。

本章小结：

随着社会进步和科技发展，人们的审美取向不断变化。相应地，色彩设计作为视觉艺术的重要组成部分，也在不断适应时代的演进，推陈出新。色彩设计不仅追求创新，更强调其实用性，确保其能够满足广大消费者的接受度。在实际应用中，设计师需追求明确、清晰、简洁的色彩效果，以此满足现代社会对视觉传达的高要求。

●**课后练习**

1. 如何理解色彩限制？
2. 简述色彩推移的特点与种类。
3. 什么是空间混合？
4. 空间混合的规律是什么？
5. 简述色彩解构与重构的概念与特点。
6. 自选照片，根据本章节空间混合的内容，完成一幅8开幅面空间混合作品（作业数量：1份）。将绘制的作品进行展示（建议完成课时：5课时）。
7. 2023年成都隆重举办了大运会，大运会促进了我国与其他国家的文化交融并帮助增强我国的文化自信与民族自信。请自主设计一幅以"大运会"为主题的手绘画。

第5章
设计色彩绘画类别与欣赏

学习目标： 掌握绘画工具和颜料的使用，提交有创意的设计色彩作品。
识读难度： ★★★★☆
重点概念： 材料准备、绘画技法、运笔、赏析

章节导读： 设计色彩包括设计静物色彩、设计风景色彩、设计人物色彩。设计静物色彩画是最被人们所喜爱的表现题材，由于物体处于静态且光源稳定、环境固定，故有助于作画者深刻理解、深入研究色彩的原理及规律，是初学绘画者最为适宜的入门学科（图5-1）。

图5-1：画面中呈现午餐时餐盘中所出现的美食，其元素丰富，在配色上使用对比色进行衬托，凸显画面的视觉中心。画面中的食品元素运用夸张的设计手法，易使画面活泼、生动且饱满。

图5-1 美味午餐

5.1 设计色彩静物水粉画

设计色彩静物水粉画一般在室内进行。设计色彩静物水粉画和其他静物画一样，具有独立的艺术价值。

5.1.1 概述

静物题材比较丰富，形体、色彩多样，是画者训练造型能力、研究色彩规律、掌握工具颜料性能、让水粉画技法快速提高的很好途径（图5-2~图5-4）。

静物布置是正式开始作画前一项至关重要的任务，是画家审美情趣的体现，更是创作活动本身的有机组成部分。摆设的成功与否，直接影响画家的情感体验和最终作品的视觉传达效果。因此，在摆设静物时，应当基于日常生活，悉心构思，明确主题、内容、色彩以及质感等元素，从而营造出生动且富有生活气息的画面。

在摆设静物之前，应该进行构思，避免无目的的组合，所选物品与画面整体构成和谐。在构图上，要综合考虑物品的大小、明暗、横竖、疏密以及前后层次等多方面的对比和变化，确保主体物的突出，衬布颜色的冷暖深浅及摆放要得体，整体色调既有对比又保持和谐。

在静物的组合上，可以根据不同的情感氛围来选择合适的光线，从而创造出不同的视觉效果。例如，明调组合适合初学者，因其色彩对比鲜明，便于观察和掌握；而暗调组则更具挑战性，通过选用色调不明显和质感粗糙的道具和衬布，可以引导初学者脱离对固有色的依赖，带来丰富的视觉差异，如轻重、软硬、薄厚、明暗、粗糙与光滑透明等。在摆设时，应充分考虑这些因素对画面效果的影响，以及如何使用不同的技法来表现。

最终，组织出一组理想的静物是创作成功的基

（a）罐子静物　　　　　　　　　　　　　　　　（b）水果静物

图5-2　静物题材

图5-2（a）：罐子作为画面中的主体，需要细致刻画。在静物刻画时需要注重细节刻画以及画面的前后透视关系。

图5-2（b）：水粉静物写生通过对花卉、蔬菜瓜果、各种器皿和其他物品的描绘，表达情感并唤起对大自然及生活的热爱。

图5-3　静物水粉画　　　　　　　　　　　　　图5-4　设计静物色彩

图5-3：静物水粉画是要将眼睛所看到的东西如实表现出来。

图5-4：设计静物色彩是将所看到的物品经过变形之后表现出来。

础。静物的组织是否得当，会直接影响到作品的结构、色调、空间布局甚至整体韵味。因此，画家需要从多个角度，如变化、统一、构图、层次、空间、色彩等，深思熟虑，精心布局，以实现题材内容与画面形式的完美融合（图5-5）。

5.1.2　使用工具

工具与材料是绘画很重要的一个方面，不但与画面的效果有直接的关系，而且能使整个绘画观念随工具与材料的改变而改变。学习绘画的过程，从某种程度上说，也是一个对工具和材料使用技法的熟悉过程。

1. 颜料

水粉画以其独特的色彩饱和度和光泽度，以及卓越的遮盖力和附着性而著称。颜料分为罐装和管装两大类（图5-6）。管装又分为几种颜色整盒管装销售和零支管装销售两种（图5-7、图5-8），由于在使

（a）红酒瓶静物　　　（b）不锈钢水壶

图5-5　静物摆放

图5-5（a）：静物题材的组织和搭配要合乎生活常理，要使画面既有生活气息，又富有趣味性，使物象之间产生一定的联系。

图5-5（b）：不锈钢的材质可反光，因此在静物的摆放中可放置较为鲜艳的水果等进行搭配。

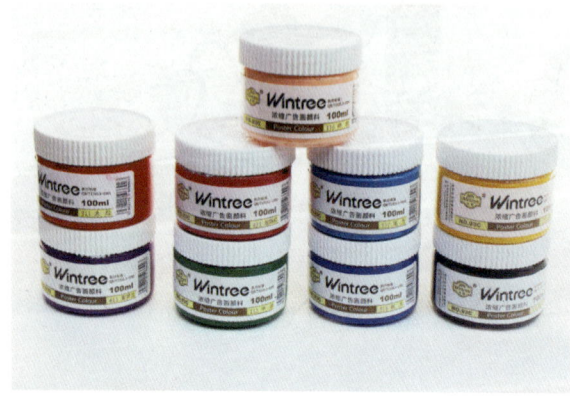

图5-6　罐装水粉颜料

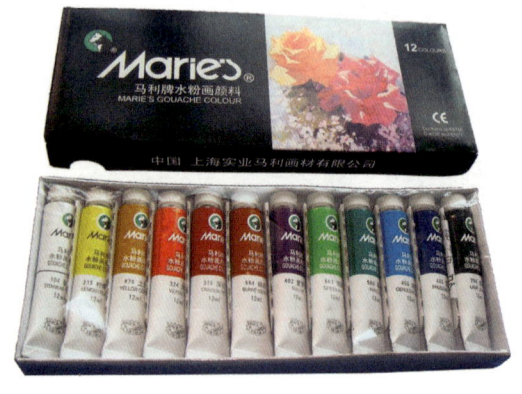

图5-7　整盒管装水粉颜料

图5-6：水粉颜料色粒很细，跟水溶了之后颜色很漂亮，但不能覆盖底色。
图5-7：水粉画颜料含粉质较多，多数颜料是半透明和不透明的，结合剂主要是用树胶、甘油和水加一定量的白粉混合而成。

用时不是平均消耗，而是有的色用得多些，有的色用得少些，所以建议选择零支管装销售的较适合。

在调色盘中放置颜色时，注意不要将暖色与冷色、黑色与白色放置得太接近，否则在调色时容易产生色彩的混淆，从而降低色彩的品质。为了提高调色的效率和质量，艺术工作者可以按照色彩的冷暖属性以及明度的差异有序进行排列。经过长期的实践，逐渐形成习惯，这将有助于提升色彩运用的熟练度和准确性（图5-9）。

2. 画笔

水粉笔的一般要求是：能吸水，但应偏硬一些，弹性强一些。因此，中国画的毛笔不宜用来作水粉画。有专门的水粉笔。除此之外，还有油画笔、狼毫化妆笔、底纹笔、喷笔等。

图5-8 零支管装水粉颜料

图5-9 调色盘放置颜色

图5-8：管装颜料较盒装颜料来说，可以用多少挤多少，比较节约。
图5-9：调色盘的颜料挤出来要经常搅，否则时间过长就会凝固，同时要时常清理，保持整洁。

（1）水粉笔。主要是羊毫笔、狼毫笔，也有用尼龙笔的。羊毫笔的综合性能较差些，好的狼毫水粉笔既可作渲染，也可作精细的刻画，但不能摆笔，力度感较差。尼龙笔硬度适中，弹性和易用性较好，因此，不仅在水粉画应用，还在水彩画、丙烯画等类型作品中应用。

（2）油画笔。分猪鬃、狼毫等。猪鬃的较为普遍，猪鬃油画笔较适合厚画法的块面塑造。狼毫笔和日本产的尼龙笔很适合作工具，但是价格较贵。

（3）狼毫化妆笔。大都由狼毫制成，柔软而具有弹性，吸水性也好，亦是水粉画的理想用笔。狼毫化妆笔一般是小号的，大号较少，价格较贵，初学者使用较少。

（4）底纹笔。底纹笔由羊毫制成，笔触柔软，且很宽，载色载水力极佳（图5-10）。

水粉画的创作具有高度的适应性，它不拘泥于特定的绘画工具。实际上，只要技术运用得当，各式各样的材料都能被纳入创作中。这一特点与其他绘画类型形成鲜明对比，后者通常对工具的选择有更为严格的要求。

以刮刀为例，这一工具在油画创作中较常见，但在水彩画中却并不适用。然而，在水粉画这一介于油画和水彩画之间的独立领域中，刮刀却能发挥独特的作用（图5-11）。用画刀刮起颜料直接刮在画面

图5-10 底纹笔

图5-11 刮刀

图5-10：底纹笔不能作精细的刻画，一般只是用来作大面积渲染、涂底色和大背景等，是水粉画不可或缺的工具之一。
图5-11：刮刀也有许多种，油画刀、雕刻刀、塑料刀、锯片等，不同的形状和材质刮颜料可产生各种变化。

上，跟用笔画的效果迥然不同，如能在某些局部采用薄染、水浸的手法，便可获得油画、水彩均达不到的效果。

（5）喷笔。这应该是水粉画发展的一个很重要的方面（图5-12）。在现代水粉画中，它主要用于设计效果图，无论是环艺专业、广告专业，还是工业产品造型专业，很多效果图都用了喷绘的方法。喷笔利用压缩空气将颜料雾化喷射到纸上，对喷射力量的精确控制，需要根据所需效果调整喷嘴与画纸之间的距离，喷嘴的口径也是影响喷涂效果的重要因素。通过这些参数的细致调控，可以产生从柔和渐变到金属光泽、玻璃透明度等多样化的视觉效果，为水粉画带来创新的表现形式。

> ★ 补充要点
>
> **沾印的技巧**
>
> 沾印是指除了画笔，还可以采用其他如丝瓜筋、纱布、纸团等材料往纸上涂颜料直接产生不同的肌理。比如画树叶，用丝瓜筋蘸颜料画，会产生画笔所达不到的效果。

> ★ 补充要点
>
> **"无笔"效果**
>
> 趁颜料还湿的时候，用水冲洗，冲出各种肌理和水色渗化的形态；或撒上有吸水性能的海绵、面包屑、锯末等来吸去浮面的颜料而形成变化。也可用拓印的方法，将颜料先泼在玻璃板上，再转印到纸上。各种办法只要利用得好，因势利导，就可产生画笔所达不到的效果。但这些"特技"只能作为一种辅助手段，不可滥用，一味追求特技，会使画面充满"匠气"，而走入误区。

3. 画纸

水粉画底子的选择颇为丰富，需要具备一定吸水性和附着力，同时质地结实。常见者如纸张、织物以及预先打过底漆的木板等，恰当使用这些材料，可以创造出多样化的水粉画效果。对于初学者而言，推荐先从纸张着手，尤其是普通纸张，在学习的初期阶段，不应过分关注底材的挑选，而是应该着重掌握绘画技巧。

（1）铅画纸。略粗糙，吸水，易于颜色的附着，很适合水粉画，如用笔过重，很容易把纸擦毛，也不宜多次反复修改（图5-13）。

（2）白卡纸。光滑洁白，吸水性差，着第一遍色时，颜色很难附着，水稍微一多，便会把颜料冲去，所以要格外注意水分多少。但白卡纸色彩特别明亮，有时故意多用水，透出白色的纸底，会有一种特别的效果（图5-14）。

（3）水粉纸。顾名思义，就是专门用来画水粉画的纸（图5-15）。

（4）马粪纸或单面卡纸的背面。这两种纸张均为有色纸，纸质很松，易吸水，适合厚画法。干笔厚涂，可堆得很厚，再适当露出一些纸底，类似在有色纸上作水粉画的质感。作画时，可不必从暗部画起，而是直接用浅色绘制亮部，与中间基调对比，即可获得较好的视觉效果。此外，用色时应预估纸张底色对后续绘画颜色的影响（图5-16）。

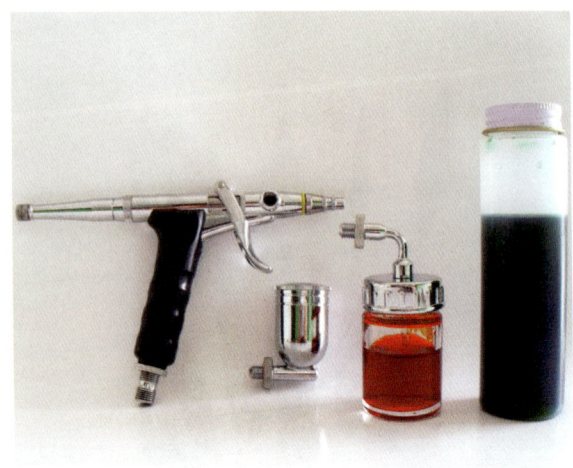

图5-12 喷笔

图5-12：喷笔目前在绘画中尚不十分普及，只是水粉画中的一个另类。

图5-13　铅画纸　　　　　　　　　　　　图5-14　白卡纸

图5-13：使用铅画纸上色，色彩干后易变灰，干湿反差较大，所以在作画时用色可鲜艳些。
图5-14：白卡纸作画不宜反复修改，如修改次数多，就会失去开始时色彩明亮的效果，容易显得"腻"。

图5-15　水粉纸　　　　　　　　（a）马粪纸　　　　　　　（b）布纹卡纸

图5-15：水粉纸画水粉的效果不一定很好，因为它的吸水性等各方面的性能都处于中间状态，所以做不出什么效果，画面总显得很平淡，但比较适合初学者作练习用。

图5-16　马粪纸和布纹卡纸

图5-16（a）：在马粪纸上作画可以有意选择一些各种明度和冷暖色调的有色纸来作画，但不宜过分鲜艳。

图5-16（b）：在布纹卡纸上作画不应过分精雕细琢，且宜作大色块的速写，如果画得过分具体细致，把底色全部都覆盖，就失去了有色底子的意义了。

（5）宣纸。这里的宣纸一般是指高丽纸。在高丽纸上画水粉的也很多，但一般是用墨色打底，用粉色提亮，并在反面着墨，将正面的色彩反衬得更艳更亮。

4. 调色盘

以色格较多、格子大而深、调颜色面积大的调色盒较好，以便盛放不同种类的、充足的颜料。颜料应按顺序，类似色邻近排列，防止不同色相混合造成污染，视觉上也显得和谐而悦目（图5-17）。外出写生时调色盒尽量密封，可利用调色盒内的一块薄海绵浸些水覆盖在颜料上，然后盖紧盖子，这样既防止颜色流淌，也容易保持湿度，每次用完笔蘸上清水滴入格内，防止颜色干掉。

颜料在挤入颜料盒的小格内时最好按颜色的冷暖、明暗次序依次排列，避免混乱，也防止蘸颜料时将邻近的颜色弄脏。养成色系的习惯，有助于色调的掌握。常用的颜色可按以下顺序排列（表5-1）：

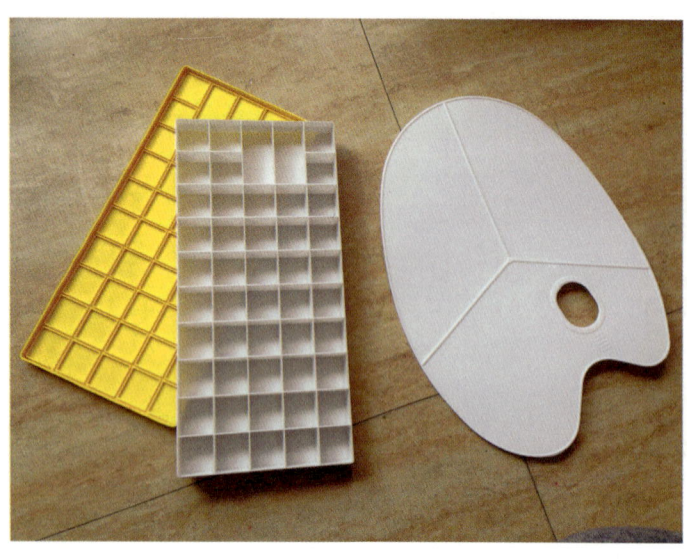

图5-17 调色盘与调色板

图5-17：切忌将水彩、水粉色挤在同一调色盒中，混用会导致鲜亮的色彩变浑浊。

表5-1 常用色彩颜料盒配置

白	柠檬黄	中黄	朱红	深红	玫瑰红	青莲	湖蓝	群青	普兰	黑
淡黄	土黄	橘黄	土红	赭石	熟褐	茶褐	草绿	翠绿	深蓝	

另外，在文具商店里有卖一种水粉、水彩写生的工具箱，可以用来盛放绘画用具（图5-18）。

5. 水桶或水箱

洗笔的水桶或装调色盒、画笔的水箱，尽量大些，使水不致太混，要勤换水。准备一小块吸水的布，以用来控制笔头的水分，十分有必要。

6. 裱纸

如果在室内画水粉写生，有时画幅较大，时间又长，就需要将纸裱起来画（图5-19）。

7. 画夹（画板）、画凳及其他用品

写生要用携带方便的画夹（画板）与画凳，如外出写生，有条件的情况下可配遮阳伞（图5-20）。

图5-18 水桶与工具箱

图5-18：工具箱类似化妆师使用的化妆箱，正好盛放工具材料，还可以盛涮水笔，便于携带，十分方便。

图5-19 裱纸

图5-19：在裱起的纸上作画，纸张不会因受潮而变形，产生皱褶，会增强作画时的手感，也会增加作画时的信心。

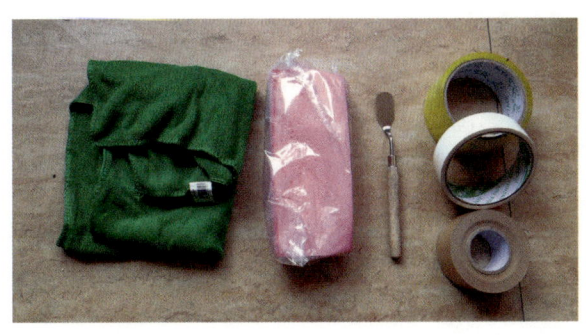

图5-20 吸水布、吸水海绵

图5-20：外出写生还需配备胶带纸等其他用品，特殊技法所需要的相应工具可随时备用。

> ★补充要点
> **水彩画中的画工技法**
>
> 　　水粉画的画刀是从油画中吸收并改造而来，这种跨领域的创新为水粉画带来了新的可能性。在使用画刀进行水粉画创作时，并没有统一的规格或型号限制，画家们通常根据个人喜好和绘画需求，自行选择或制作不同形状和大小的画刀，包括尖头、方头、圆头等多种样式。画刀的设计要求主要是轻薄且具有足够的弹性，这样的特性使得它不仅限于传统意义上的画笔所能达到的效果，即便是以塑料或竹片制作的画刀也能成为实用的工具。
>
> 　　画刀在塑造对象时可能不如画笔那样灵活多变，它难以描绘出画笔所能实现的柔和笔触和粗细变化的线条。画刀不适合用来描绘细腻的形象。也不太适用于需要较高含水量的薄画法，而更倾向于厚画的表现方式。尽管如此，画刀在描绘质地粗糙物体，如山岩、泥地，或者需要明确对比的体面，例如概括的远景、丛树、建筑物墙面、砖瓦以及广阔的天空、山川与水面等场景时，能展现出其独特的优势和效果。因此，画刀在水粉画创作中的应用，尽管存在局限，却依然是一个不可忽视的表现手段。

5.1.3 静物水粉画绘画步骤

本节对静物水粉画的绘画方式，以及步骤进行详细的介绍与分析（图5-21～图5-25）。

图5-21 打轮廓

图5-21：把主物体放在画面的三分之二处，兼顾空间深度与透视关系，对所画对象展开想象与联想，考虑完后，开始用颜色起稿，轻勾轮廓，注意简洁、准确。

图5-22 薄涂阶段

图5-22：用稀薄的颜色去画色彩大关系，从主体物画起或从暗部明暗交界线画起，把暗部颜色尽量一次画准，避免反复调整，兼顾背景，再画中间色，逐步向亮部推移，最后加高光。

图5-23 铺大色阶段

图5-23：组织整个画面的色调，准确画出物体的冷暖关系，比较出画面最亮、最暗等部分。铺色时要采用先湿后干、先薄后厚、先深后浅的步骤，谨慎使用白粉，使各部分衔接自然，主体突出。

图5-24 深入刻画阶段

图5-24：此阶段要重点解决主体部位的局部刻画，对具体细节逐步充实，通过比较一个局部一个局部地完成。抓住主体部位进行深入，通过细节刻画充分表现质感，使色彩关系更加丰富。

图5-25 调整至完稿阶段

图5-25：进一步从整体造型和艺术处理上去检查绘画作品，强调整体的统一并适当加强削弱，处理好空间层次关系，使虚实关系得当。最终让画面主体突出并具有表现力。

5.2 设计色彩风景水彩画

风景画通过自然景色的描绘，反映了人与自然的关系和大自然的美，激发起人们对生活和自然的热爱。

5.2.1 概述

风景画是一种聚焦于自然景观的绘画题材，在中国传统绘画中有着深远的历史渊源，被称作山水画。最初，在中国的绘画作品中，山水仅仅是作为画的一个陪衬元素。随着时间的推移，尤其是到了隋唐时期，山水画开始独立出来，在五代和北宋时期达到了更加成熟的阶段（图5-26）。西方风景画的发展历程则要晚很多。在西方艺术的早期，自然景观常常只是作为人物画的一个背景或辅助元素。直到文艺复兴时期之后的16世纪，自然景观才被提升为绘画的主题和独立的表现对象。

水彩画作为风景艺术的一种表现形式，始于德国，在18至19世纪的英国开始走向成熟。水彩画工具和材料相对简便和便携，成本较低，这为艺术家现场写生提供了极大的方便；其次，水彩画能迅速捕捉和表现自然景观如雨雾、晨雾、小桥流水等朦胧美，同样能够生动描绘瞬息万变的霞光、日出和日落等壮丽景象。正是由于这些特性，水彩风景画成为了描绘自然之美的重要手段（图5-27）。

风景画的练习可通过观察、理解、表现的实践，逐步掌握工具、性能和技法。还可以鉴赏一些19世纪以来的欧洲风景画家，如约翰·康斯特勃、约翰·辛格·萨金特、克劳德·莫奈、爱德华·马奈、乔治·修拉、凡·高、塞尚的作品。

风景画在我国有着悠久的历史传统，它表现着祖国的大好河山，激发人们对大自然的热爱，陶冶情操，深受人们的喜爱。风景画作为创作，可分为抒情性的、叙事性的、写实的、写意的、装饰的、抽象的。好的风景画写生也是具有艺术价值的作品，既展示出大自然的风姿和神韵，同时也直接或间接反

图5-26 王希孟《千里江山图》

图5-26：巍峨的山峰直插云霄，连绵起伏的丘陵和巍峨的山脉逐渐呈现，步移景异，引人入胜。画面从前景的山峦和村庄起势，过渡到对岸群峰的秀丽，两翼延伸渐次放缓，与起始的山峦遥相呼应，构筑和谐的视觉连续性。

图5-27 莫奈风景作品

图5-27：水彩风景轻松，赏心悦目，中外爱好者越来越多，并喜欢以此来装饰居室。中外艺术史上专攻水彩风景的画家不乏其人。

图5-28 萨金特风景水彩

图5-28：萨金特专长于人物画像，后期则专心于风景画及装饰壁画，作品众多，画面精美。

映画者的态度、观念、情感和审美情趣（图5-28、图5-29）。

风景画的创作一般是在室外进行的，属于外光作业，受光线、气候、季节、地域和时间等诸多因素制约。时间的变化即是光线的变化，并导致形象、色调和总体气氛的变化。

只有掌握了光的变化，才能准确地表现形体、空间及特定的时间和画境。大自然中的晨、午、晚、夜，使我们得以体会同一景色在不同的时间里

图5-29 马奈风景油画

图5-29：马奈的画作深深影响了莫奈、塞尚、凡·高等新兴画家，进而将绘画带入现代主义的道路上。

的不同感觉。在特定的环境下,空间色彩要通过由暖变冷或由冷变暖去表现。选择远、中、近三景表现空间层次变化,会使风景画的空间更博大、深远。

另外,在风景画所描绘的大自然,有着无比丰富的静物,天空、山川、河流、树木、建筑等。可以通过画面的基调去表现季节、气候变化,如果要使其特点更加鲜明突出,有时可夸张、变调,如运用写实手法则可考虑色彩面积对比。

风景画可以通过对气候、季节的描绘呈现出自然景色的丰富美感,既可以借景抒情,也可以寓情于景。风景画描绘地域特色,通过地方风光展示风土人情和文化内涵。

5.2.2 使用工具

中国有一句广为流传的古话:"工欲善其事,必先利其器。"这句话强调了工具对于工作的重要性,正如士兵依赖武器一样,画家亦依赖其工具材料展开创作。不同的绘画种类需要不同的工具材料,因此对于学习水彩画的初学者而言,恰当且全面地准备相应的工具材料至关重要,这并不需要投入过多的费用。

1. 水彩画颜料

最近几年,国产水彩颜料在品质和外观设计上均实现了显著提升,使用体验也更好,例如马利牌颜料(图5-30)。除了常见软管包装形式的水彩颜料,还有块状的固体颜料(图5-31)。

目前市面上的水彩颜料有盒装的和单支零售的,可以买单支的颜料,常用的可多买几支,不需要的可以不买。盒装的即使是二十四色,也不过只有二十四种单支颜料,有些颜料可能尚不在其中,而有些颜料是不常用的,如白色或青莲之类。

2. 装色盒与调色盘

市场上出售的调色盒[图5-32(a)],只能用来装颜料,要调色,还需另准备调色盘[图5-32(b)]。当打开颜料盒盖准备把颜料挤进小格子里时,要按颜料本身所具有的明度有序地挤在小方格里,这样在作画时使用颜料更有条理而不会手忙脚乱。挤入小格子里的颜料呈膏状物,在作画前最好在每个格子里加入少量清水,用一支细笔杆把颜料与清水搅成糊状,这种糊状的颜料,在用笔蘸颜料时会更有分寸感。如果格子里的颜料干涸,就把它取出丢掉,干涸的颜料即使加入清水浸泡或搅拌,也很难恢复到原有的纯度,而且会出现杂质或细小的颗粒,影响画面。

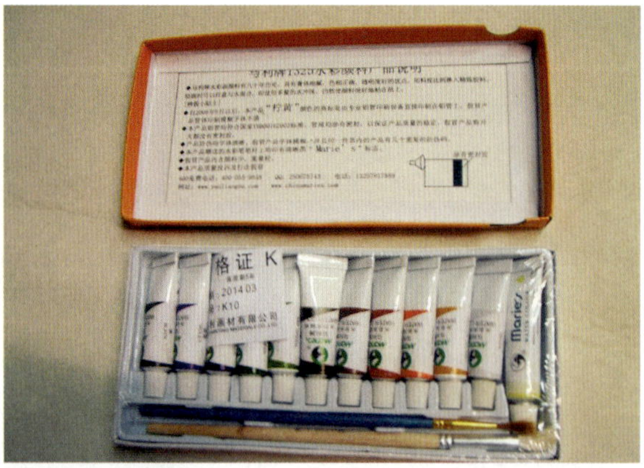

图5-30 管装颜料　　　　　　　　图5-31 固体颜料

图5-30:管装颜料相较于固体颜料来说价格便宜,受众更加广泛,所以初学者一般会挑选管装颜料。
图5-31:固体颜料相比于管装颜料来说,使用更加方便,携带便捷。但是因为固体颜料和管装颜料制作工艺不同,所以在使用时会有稍许差异,需要使用者根据自己的需求进行挑选。

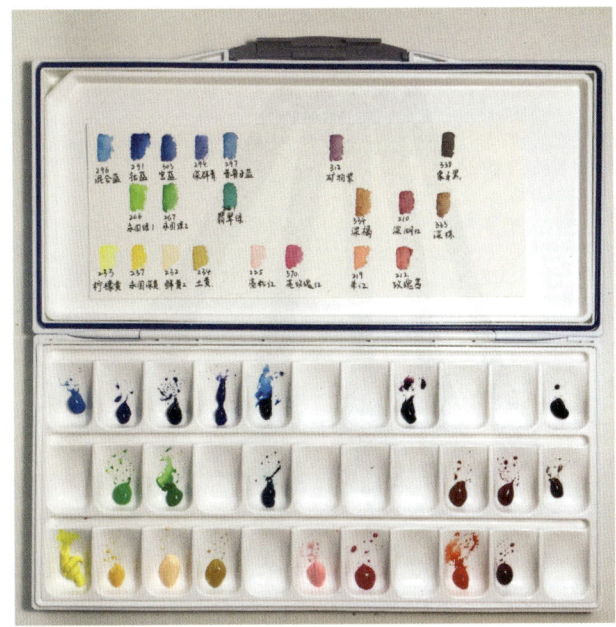

（a）装色盒　　　　　　　　　　　　　　　　　　　　（b）调色盘

图5-32　装色盒与调色盘

图5-32（a）：气候干燥时，每次画完后要往颜料上滴几滴清水，以防颜料干涸，要养成这种好习惯，当下麻烦一点，待作画时就会少些麻烦。

图5-32（b）：颜料盘有大有小，格子的划分也有所不同，可根据自己的需求挑选，有的装色盒的盖子也可拿来作调色盘。

3. 水彩画笔

水彩画笔，一般用狼毫或兔狼毫制成，高级的水彩画笔用貂毫制成，经久耐用，含水性强并且富有弹性（图5-33）。目前国内市场上销售的水彩画笔分两种：一种是竹竿水彩画笔，笔头外形呈扁形，用兔毛或羊毛制成，吸水量大，分大、中、小若干等，用于铺色和塑造；另一种笔头外形呈锥形，羊毫，适用于勾线和局部刻画。如果画对开或全开以上的大画，还需要底纹笔（图5-34）。大、中、小不同规格的水彩笔都要有，可根据自己的需要购置。

目前，市场上所销售的一种人造尼龙毛水彩笔，适宜于勾线，但这种笔含水量太小，不宜初学者使用。为了便于观察所调的颜色，水彩画笔以白毛笔为佳，黑毛和红毛笔色太深，不便看出所蘸的颜色。

4. 水彩画纸

水彩画纸要求纸基坚实，松紧有度，不过分吸水，因而水彩画纸应该是专门为作水彩画而制造的，但这种纸目前在国内市场上还很少见，即使见到，也不理想。目前在市场上能买到的多是保定和温州生产的水彩画纸（图5-35）。

在作画过程中，水彩画由于纸面干湿的不均匀，会产生不同的张力，纸薄容易出现"丘陵"和"盆地"。为避免这种现象，可以事先把这种纸裱在画纸上（300g的水彩纸在作画时无需裱）。国内市场上销售的法国的康颂纸和英国的博更福纸为上乘（图5-36）。

5. 画板或画夹

制图用的2号画板可用来画对开的画作，没有画板也可以自己动手用三夹板或五夹板锯一块尺寸合适的板子作画板。外出写生最好备一个画夹子，目前市场上出售的画夹子规格不少，且都有背袋，使用很方便。

6. 贮水器

无水就无法创作水彩画，无论在室内还是室外，必须准备一个贮水器，贮水器要大一些，可准备一个小塑料水桶。此外，电工工具箱也是作水彩画或水粉

图5-33　不同型号的水彩笔　　　　　　　　　　　　　**图5-34　不同规格的羊毫底纹笔**

图5-33：水彩画笔，要求笔毛整齐，含水量大，笔锋集中顶尖，不开叉，不掉毛并有弹性。

图5-34：初学者一般备大、中、小三支笔就够用，另外再备一枝扁平的羊毫底纹笔，用以涂大面积的背景颜色，其规格大小可根据画面的大小进行选择。

（a）保定水彩画纸　　　　　　　　　　　　　　　　　（b）温州水彩画纸

图5-35　水彩画纸

图5-35（a）：保定纸质地较白，但过于坚实，因而吸水性较差，颜色在纸面上的渗透性和附着力也就差些。

图5-35（b）：温州纸质地较松软，且质量也不稳定，这种纸过于吸水，一旦颜料画到纸上，就很难洗下来，纸基松软也经不起反复擦洗。

（a）康颂水彩纸

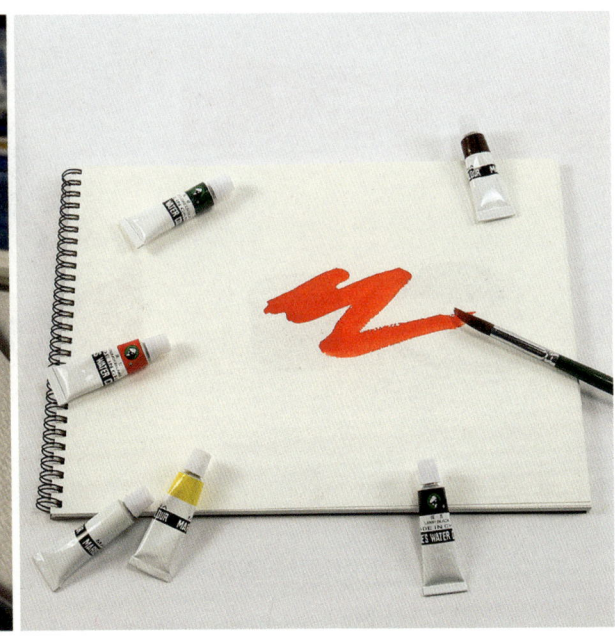
（b）博更福水彩纸

图5-36 康颂、博更福水彩纸

图5-36（a）：康颂纸中有185g、220g、300g的，薄厚不等，其中卷筒装宽1.5m，长10m。

图5-36（b）：博更福纸的规格中小的有半开、4开、8开、16开、24开和32开。

图5-37 工具箱

图5-37：工具箱的上层可以放画笔或颜料盒，箱体可以用来贮水，必要时还可以当小凳子用。

画的好工具（图5-37）。

7. 吸水性好的旧毛巾或餐巾纸

作水彩画时身边放一块旧毛巾，利用它来控制笔上的水分。利用餐巾纸也可以吸去画面上过多的水分或吸去画错的水色，还可以创造某些特殊的效果。另外作水彩画时切忌乱甩笔上的水。

8. 海绵

画面上如有画坏的地方可用海绵（即高发泡塑料，也称泡沫塑料）蘸清水洗去。有一种表现技法，用海绵在画坏的地方进行补救，还可以用形体不规则的泡沫塑料蘸上颜色拓印在画面上，用来表现斑驳的老墙，其效果却是画笔所无法表现的。

9. 遮挡液

遮挡液是一种不溶于水的、快干的液状乳胶。如果在画大面积的深色背景前要画一些明亮的物象，可用遮挡液先把这些细节"画"出来，不必再为这些细节担忧，待画纸干透后，用手指推去这些干涸的乳胶膜，即露出白色的画纸（图5-38）。

10. 铅笔、橡皮

水彩画着色前的铅笔稿，不应画得太重，用H或HB铅笔即可，5B、6B的铅笔含油性较大，容易弄脏纸面，且作品完成后也不易把铅笔线擦掉（图5-39）。橡皮要求质地柔软。在起稿时尽可能不使用橡皮，如纸基坚实尚无大碍，如纸基松软将会损伤纸面，着色时纸面的损伤处会出现斑痕。

图5-38 遮挡液

图5-39 橡皮

图5-38：遮挡液宜用在纸基坚实的纸上，如画纸较松软，在除去乳胶膜时往往会损坏纸面，不妨先在纸上试试，看看效果，再决定是否使用它。

图5-39：在画面完成且画纸干透后使用橡皮往往能擦去画面上的浮色或提亮某些地方，使画面浑然统一。

5.2.3 风景水彩画绘画步骤

风景水彩绘画需注重写生训练，对实景的细节把握、刻画要求较高。在绘画过程中更需要注重其绘画步骤，避免造成时间与颜料上的浪费（图5-40~图5-44）。

图5-40 打轮廓

图5-41 薄涂淡彩

图5-40：画面起稿，打出轮廓，注意透视、结构要准确，尽量画具体点，留心各部分的造型特征，画出各个部分的大小、高低、繁简、虚实，要注意搭配。

图5-41：弄清画面明暗层次，色块分布。注意线与线、面与面、体与体、色与色之间的和谐统一。

第 5 章 设计色彩绘画类别与欣赏

图5-42 区分整体层次

图5-42：采取由浅入深的方法给画面铺上大体色调，一般是从天空与远处的景物画起，画第一遍色时采用湿画法。抓住大的色调，在一些纵深感比较强，透视比较大的构图中，应该特别注意中、远景的衔接。

图5-43 加深阴暗部位

图5-43：进一步深入刻画，把画面结构、明暗及细节逐步刻画出来。注意景物的虚实关系，近景实些，远景虚些，中心实些，旁边虚些，这样才突出重点，使画面更具美感。

图5-44 深入刻画细节调整

图5-44：经过深入刻画后，再回过来，看看是否达到了第一印象的效果，以及是否有太跳跃的不协调的地方等等，改动尽量要少，直至达到最终满意效果。

5.3 设计色彩人物马克笔绘画

马克笔也称为记号笔,是用于书写、绘画的彩色笔。用马克笔创作人物画,是一种有效且重要的手段和方法。

5.3.1 概述

使用马克笔进行人物绘制,需要一定功底和艺术素养。在马克笔人物绘画中,人体的透视结构,皮肤色彩的层次,个体面貌和性格特征的多样性,表情和内心活动的体现,都是画家需要准确捕捉和表现的对象。马克笔人物创作和静物、风景创作不尽相同,在学习马克笔人物创作之前,必须要掌握人体的解剖结构(图5-45)。

同时,马克笔人物创作的过程也是考验和锻炼观察力和培养造型技巧的过程。严格的训练和刻苦求实的精神,对马克笔人物创作来说不可缺少(图5-46)。

5.3.2 使用工具

在利用马克笔进行人物创作时,选择恰当的工具和材料至关重要,直接影响创作成果的质量。每位创

(a)马克笔人物头像

(b)马克笔人物胸像

图5-45 头像和胸像

图5-45(a):人物创作一般按头像、胸像、半身像、全身像和人体的顺序循序渐进。人的形体结构复杂而微妙,人有复杂而丰富的思想和心理活动,如果没有敏锐的观察能力和较好的素描功底,马克笔人物创作可谓难上加难。

图5-45(b):人物头像、胸像着重于脸部的轮廓、解剖结构和神情,而半身、全身和人体作业则着重于整个身体的姿态,并更多注意空间关系。

第 5 章 设计色彩绘画类别与欣赏 093

马克笔人物半身像

图5-46 半身和全身

图5-46：在马克笔人物创作中必须掌握素描和色彩两大因素，既要考虑色彩，又要照顾素描，才能将人物准确、生动、完整而统一地表现在画面中。

作者都应依据个人所需表达的效果以及描绘对象的特点，结合自身绘画实践经验，探索并确定最适宜的表现工具。精通这些工具的功能及运用技巧，是实现高品质马克笔人物创作的关键所在。

1. 铅笔

在马克笔人物创作中，一般会选择B或2B的铅笔绘制草图。因为B或2B铅笔的硬度是比较适合马克笔人物创作的手感。太硬的铅笔有可能在纸上留下划痕，修改后重新画，纸上可能会有痕迹，影响美观，而且手感不好，摩擦力会比较大。太软的铅笔对于手绘来说可能力度又不够，很难对形体轮廓进行清晰的表现。2B铅笔非常适用于马克笔人物创作中的起形环节。

相比于传统铅笔需要经常削，也不好控制粗细的特点，现在大多数人更愿意选择自动铅笔。选用自动铅笔，绘画者可以根据个人习惯选择不同粗细的笔芯，一般认为0.7的笔芯比较适合，但是也有人选用0.5的笔芯，这个主要看个人的手感和习惯。

> ★补充要点
>
> **马克笔人物创作阶段**
>
> 在进行人物肖像绘制时，通常从肩以上着手。在人物写生过程中，通常遵循从头像到胸像，再到半身像和全身像的顺序。在正式开始作画之前，画家需要对人物的姿势、衣着及所处环境进行整体构思和规划，体现出人物的个性与气质，还需兼顾色彩搭配与形式。

2. 绘图笔

绘图笔又称为针管笔，笔尖较软，用起来手感很好，比较舒服。而且绘图笔画出来的线条十分均匀，画面干净。一般选用0.1mm、0.2mm、0.3mm，粗一点的0.5mm、0.8mm，可以按需购买（图5-47）。

虽然网络上有很多用圆珠笔手绘的图，但是专业的手绘绝对不能用圆珠笔或者水性笔。因为圆珠笔容易形成墨团而且会溶于马克笔，所以画出的效果图往往给人很脏的感觉。如果长期练习A3幅面的手绘效果图，可以选用质量较好的中性笔（图5-48）。

3. 美工钢笔与草图笔

手绘美工钢笔的笔尖与普通钢笔的笔尖不一样，是扁平弯曲状的，适合勾线（图5-49）。草图笔画出来的线条比较流畅，但是比一般针管笔粗，针管笔线条均匀，适合细细勾画线条。目前日本派通的草图笔用得比较多（图5-50）。

4. 马克笔

马克笔是手绘创作的主要上色工具，通常选用酒精性（水性）马克笔。马克笔笔头是箱型，可以绘制粗细不同线条，而且适合大面积手绘上色。全套马克笔颜色可达300种，但是一般手绘根据个人需要购买

图5-47 针管笔

图5-48 中性笔

图5-47：针管笔的品牌一般选用三菱、樱花，但是价格略高，初学者在练习比较多的时候可以选择英雄或晨光，比较便宜。

图5-48：使用中性笔绘制线条时可以轻松把握线条的粗细，而且线条效果与绘图笔非常接近。

图5-49 美工钢笔　　　　　　　图5-50 草图笔

图5-49：初学者可以选择便宜一点的国产钢笔，后期最好选择好一点的红环、lamy。

图5-50：草图笔也可以控制力度画出稍细的线条，一气呵成画出草图。

80～100种就够了。

　　初学者可以选购国产Touch3代或4代，性价比比较高。好一点的可以选择美国犀牛、韩国Touch、美国AD等，颜色更饱满，墨水更充足，但价格比较高（图5-51）。

5. 白色笔与涂改液

　　白色笔是在效果图表现中提高画面局部亮度的工具。涂改液的作用与白色笔相同，只是涂改液的涂绘面积更大。涂改液相较于白色笔而言效率更高，适合反光、高光、透光部位点绘。

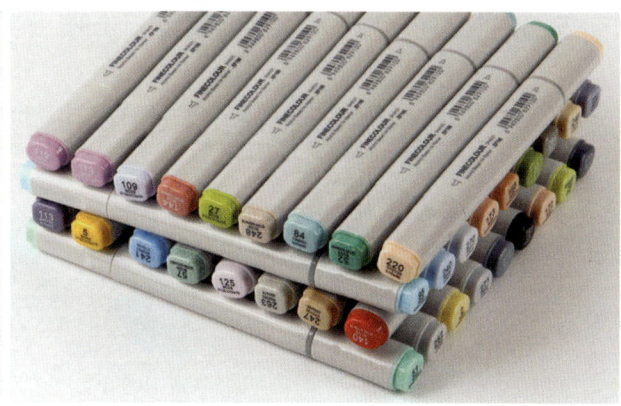

（a）油性马克笔　　　　　　　　　　　　　　　　（b）酒精马克笔

图5-51　马克笔

图5-51（a）：油性马克笔快干、耐水，而且耐光性相当好，颜色多次叠加都不会伤纸，效果柔和。
图5-51（b）：酒精性马克笔可在任何光滑表面书写，速干、防水、环保，可用于绘图、书写、记号、POP广告等。

6. 画纸

马克笔画的用纸选择范围非常广泛，不仅可以在素描纸、水彩纸、水粉纸上画画，也能在白卡纸、马粪纸、布纹卡纸上绘画。选择不同品种的纸会呈现出不同的效果，同时因为每个人的情况不同，所以选择的画纸也因人而异。

马克笔在打印纸以及硫酸纸上绘画比较容易出效果，初学者更喜欢使用硫酸纸，因为它更加方便使用者对对象进行临摹。打印纸按纸张的厚度来分，有60g、70g、75g、80g、85g、90g、100g、120g等，一般80g的打印纸使用起来绘画效果比较好。硫酸纸，又称制版硫酸转印纸，具有纸质纯净、强度高、透明度好、不易变形、耐晒、耐高温、抗老化等特点。

★补充要点

学习设计色彩人物马克笔画的方法

1. 学习设计色彩人物马克笔画，首先要认真观赏优秀的设计色彩人物马克笔画作品，对不同画作进行深入研究，领略各自独特的表现技巧和艺术表达。

2. 通过临摹优秀作品，可以进一步巩固学习成果。临摹不仅是一种技能的锻炼，更是理解和运用光影对比以及水分控制等关键技艺的途径。

3. 在掌握了基本技能之后，学习者应该逐步过渡到更为复杂的设计色彩人物马克笔画创作，这一过程需要耐心和系统的训练。

5.3.3 设计色彩人物马克笔绘画步骤

本节针对如何更好地绘制人物马克笔画作的方式及步骤进行详细的介绍与分析（图5-52～图5-56）。

图5-52 打轮廓

图5-53 确定轮廓线条

图5-52：想好所要勾画的人物，确定画幅比例，分析人物五官结构特征及构成、背景环境等，着手构图。注意要确定好作画种类。

图5-53：用中性笔或针管笔勾出人物大的动态线和轮廓线，将头顶、肩宽位置以及人物中心对称轴线画出。当然，这条轴线是不存在的，只是为了观察方便。之后再耐心地将其他物体用细线勾勒出来。

图5-54 整体着色

图5-55 深入细节并丰富层次

图5-56 强化对比并调整

图5-54：铺大色块，将所有构成物体给予特定的单色，确定整个画面的色彩基调。构成单一画面，值得注意的是，这一步要尽量用大笔触勾画。

图5-55：在单一的色彩基础上，补充阴影与高光，突出立体感，加强主体的明暗转折关系。用笔要有艺术表现力，深入的过程是从局部到整体再由整体到局部反复调整的过程，局部深入的目的是使整体形象更丰富。

图5-56：检查画面，确定最终效果，再次加强色彩对比度。

5.4 优秀设计色彩绘画作品赏析

本节选择多种类型的设计色彩绘画作品进行赏析（图5-57～图5-69）。

干画法是设计色彩创作中常用的表现技法。

干画法的表现方式是不断地叠加色彩颜料，这对初学者提高绘画水平十分有效。通过不断思考技法的变化，不断尝试调色，边画边修改，不断提升画面的效果。

注意：干画法的每一笔都要慎重思考，以免长时间徘徊在一个局部，始终无法得到满意的效果。

这幅作品是对风景的变化进行写生，浑厚的笔触能表现出自然景观的大气，使整体画面色彩稳重。

画面中将云朵表现出体积感，色彩变化微妙，对道路的延伸进行了很好的虚实处理。

值得注意的是设计色彩并不是绘画色彩，不必对风景进行完美的写实，只要能正确处理微妙的色彩关系，找准色彩倾向就是正确的表现手法。

图5-57 归途　　　　　　　　　　　　　　　图5-58 旅行

图5-57：这幅画表现的是公路通往远处的景色，将返乡的场景与画外人物心情结合起来，通过干画法浓重的色彩衬托壮丽的自然风光，传递了游子心中浓厚的乡愁。

图5-58：注重光影的把握，通过明暗对比，表现出街道的氛围。注意线条的色彩变化，通过线条的粗细、曲直，展现街道的肌理与质感，并巧妙地运用色彩，使画面更具视觉冲击力。

装饰画法是比较简单的设计色彩表现手法。

装饰画法这种画法适合视觉传达设计与装饰设计专业学生练习色彩感觉时使用。

黑色的轮廓不是随意描绘，而是要根据静物的体量和在画面中的位置关系来选择不同的粗细。

图5-59 梳妆台　　　　　　　　　　图5-60 静物台

图5-59：装饰画法沿袭装饰图案的表现方法，它将绘画对象全部平面化，对色彩边缘进行描边处理，赋予色彩时对运笔的技法也没有太高的要求。

图5-60：这幅作品是对静物的色彩表现，色彩看似很卡通，但是相同静物的色彩是不同的，至少都会进行调色处理，以区分它们之间的关系。

图5-61 红色花卉　　　　　　　　　　　　　　图5-62 水果与花卉

图5-61：点彩法对设计彩色的表现很耐人寻味，通过笔触的点绘来表现对象的形体与画面的空间关系，看似简单，其实对色彩的调配要求很严格，如果调色不准会影响色彩的表现效果。

图5-62：采取点彩法来表现静物与花卉，是在传统绘画的基础上进行的创新。尤其在表现花卉时，点笔触能将花卉的色彩表现得十分丰富，背景虽然单一，但是通过点笔触能进一步深入画面关系，形成丰富的视觉效果。

湿画法是水彩与水粉画的特色技法，用水彩来表现会更淋漓尽致，但是水彩的着色覆盖性能较弱，水粉颜料则可以将颜色画得很深。

在水线以下运用水彩的湿画法表现出畅快的混合效果，凸出了海底的浑然一体。而水线以上就采取干画法，显得笔触紧张紧凑。通过不同技法来区分这种天水对比的效果。

运用湿画法表现五彩斑斓的天空夜色，红色与蓝色融合自然。

用干画法来表现干枯的树木，这种软硬结合的表现方式也形成了强烈的对比，具有很强的视觉冲击力。

图5-63 航行　　　　　　　　　　　　　　图5-64 星夜

图5-63：画面中央，一艘帆船在波光粼粼的海面上航行，船帆飘扬，犹如一首赞美自由的诗篇。夜幕洒在海面上，透显出海底植物。航行不仅仅是一种旅行，更是一种对未知世界的探索和追求。

图5-64：夜幕降临，星空璀璨，星夜中的枯树宁静祥和，仿佛时间在这里凝固。夜空中的星辰与地面上的灯火相映成趣，营造出一种梦幻般的氛围。

（a）窗边　　　　　　　　　　　　　　　　（b）星空下的河岸

图5-65　世仓铁平插画作品

图5-65（a）：门窗一直都是插画家表现的重点主题，通过门窗描绘室外景色，让观众具有更广阔的想象空间。

图5-65（b）：天空中表现出耐人寻味并产生联想的多种形态。这种表现手法，既填充了天空的空白，又拓展了原创文学作品的联想空间。

→ 细致刻画的建筑构造前景，是日式风格插风的典型特征，色彩饱和度高，明度高。

→ 严肃的人物神态，让观众将注意力转移到丰富的场景和华丽的着装上，整体的配色纯度高、明度高，在较深的颜色中增加浅色或白色来强化对比，视觉效果强烈。

→ 背景色彩虽然灰暗，但不失细节。

→ 具有玄幻色彩的场景配饰，令人浮想联翩，具有很强的装饰效果。

图5-66　藤原薰插画作品

图5-66：藤原薰的插画注重表现古装女性，插画中的女孩端庄美丽，犹如仙子一般，与画面中的建筑室内造型元素相得益彰，形成浪漫的氛围。

▶ 空旷的远景，采用枝丫来填充，并没有使用云彩来表现。

▶ 画面具有复古文艺的色调感，天空的颜色搭配干净、舒适，使用了不少高纯度灰色，让画面显得十分美好。

▶ 海平线交界部位的细节，色彩变化丰富，光影变化多样。

▶ 主角人物是故事情节的主旨，从整体构图、草稿，到上色、细节调整等创作内容，无不透露着细节感。

图5-67：画面中下方，一对情侣站在海边，远望着即将落下的夕阳。夕阳的余晖映照在他们的肩上，形成温暖的光晕。

图5-67 明珉浩插画作品

▶ 空旷的天空并没有用云朵来完全填充，天空所在的位置与主角人物的眼神对应，表现出主角人物的思想情绪。

▶ 人物手中的武器显得特别冷酷坚硬。在平和的画风中，令人产生一丝畏惧。

▶ 主角人物虽然是坐姿，但是形体挺拔、坚韧，具有武士气质，四肢骨骼较长，富有运动感。

图5-68：女孩坐在露台上，手持弓弩，目光坚定，犹如一位勇士，勇敢地面对生活的挑战，眼神中透露出对未来的期待。

图5-68 P-忍者插画作品

图5-69 维克多·伯伦插画作品

图5-69：凌乱的室内映入眼帘，充满生活的痕迹，是真实生活的写照，也是艺术家对生活细节的刻画。

色彩饱和度高，具有醒目、明快的装饰效果。

画面内容丰富，运用对比色凸显人物状态与背景杂乱的视觉感受。

中间以电视柜为中心自然划分画面，表现两人在房间时的放松状态。

本章小结：

艺术创作的核心源于对生活的洞察与体验。对于风景色彩画的设计来说尤为显著，无论是天空的斑斓、海洋的壮阔、古道的蜿蜒、山岩的独特风貌、树的岁月痕迹，还是幼苗的蓬勃生机，都是自然肌理之美的体现，充满无尽的奇妙与变化。人物色彩画的设计则是在静物色彩画与风景色彩画基础上的深化，它涉及对色彩的更为深入的研究，以及对色调和表现技巧的细致探讨，能够极大地提升绘画者对色彩的理解。

● **课后练习**

1. 布置静物场景时需注意哪些细节？
2. 不同样式的水粉笔在绘画时会呈现哪些形式？有什么区别？
3. 请简述水粉纸与其他纸张的区别？
4. 请阐述绘制人物马克笔过程时需注意人体的解剖结构事项。
5. 根据本章的作品欣赏，自选1幅主题作品临摹。
6. 自选主题，完成一幅4开设计色彩作品（作业数量：2份）。将绘画作品进行装裱与展示（建议完成课时：5课时）。
7. 风景画在我国有着悠久的历史传统，它表现祖国的大好河山，请查阅收集中国的风景图片，并绘制风景水粉画。
8. 请收集马克思的人物像相关图案，并绘制其人物马克笔画作。

第6章
设计色彩应用

学习目标：巩固所学知识，根据所学专业，创作具有表现力的色彩设计作品。

识读难度：★★★★★

重点概念：包装、标志、商业广告、设计

章节导读： 好的色彩应用能够极大地增强视觉影响力。图形、文字和色彩是设计作品中三个基本的视觉元素，能够显著提升作品的吸引力和传达力，色彩更是传递情感与信息的重要媒介，在视觉艺术、广告、品牌形象设计等多个领域发挥不可或缺的作用（图6-1）。

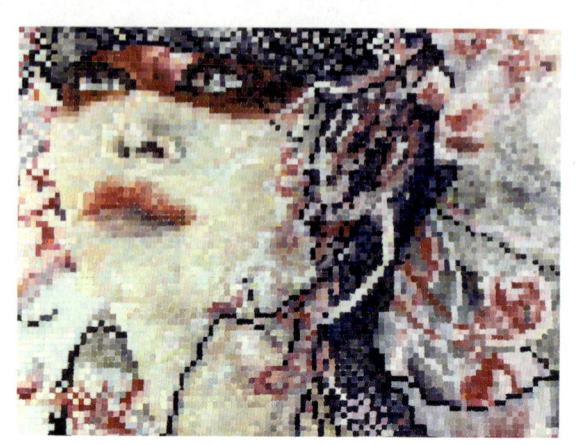

图6-1 空间混合人像

图6-1：运用不同的色彩拼贴，逐渐在画面中形成一位女子的样貌。通过细微的颜色变化，增强人物的脸部折叠度，塑造人脸的轮廓，体现女子的生动神情。

6.1 包装与设计色彩

包装设计是产品的外在表现形式，帮助树立商品的形象。颜色作为增强包装视觉吸引力的重要手段，传递信息的效率高，影响力深，持久性长。在视觉感知和记忆留存方面，颜色往往是最先被注意到，也是最后被遗忘的，不仅是视觉体验的起点，也是消费者感官反应和购买欲望的触发器。

包装设计的色彩能够极大程度地激发消费者的购买动机，有效提高销售业绩。色彩心理学的存在也揭示了色彩运用时的一些基本原则。心理学家罗索·福斯坦第格曾说："色彩起着一种暗示的作用，它是一种包含各种含义的浓缩了的信息（表6-1）"。

表6-1 包装对颜色的需求

颜色	作用
黄、橙	被用来刺激和吸引顾客的注意力
红	非常具有积极意义的色彩
紫	紫色通常给人高贵、典雅的感觉，所以用来衬托高档或奢侈品
粉	通常代表娇嫩、可爱
棕、绿	绿色和棕色能引起自然和清凉的感觉，常常被用作环保产品、养生提神品的包装

6.1.1 色彩与商品属性

在产品设计领域,设计师们精心挑选与产品属性相契合的色彩,以此来塑造和强化产品的市场形象。色彩的选择能够直观地传达产品的特定属性,代表产品的形象,在消费者心中形成一种真实而鲜明的产品印象(图6-2)。

6.1.2 色彩鲜明

在视觉艺术中,色彩往往具有先声夺人的力量。研究人员指出,无论年龄性别如何,观察者对于色彩注意力大约占据他们视觉感知的80%,而形所吸引的注意力大约仅占20%。这一发现解释了为何我们常有"远看色彩近看花"的视觉偏好,为了吸引消费者的目光,包装设计中的色彩选择变得尤为关键(图6-3~图6-5)。

6.1.3 色彩需引起好感

色彩作为一种视觉刺激,能够引发人们的多样化情感反应。自然界中的色彩种类繁多,人类可分辨的有彩色有200万~800万种。商品包装设计要考虑到其目标消费群体的偏好,精心选择能够吸引顾客并令其心情愉悦的色彩。如何在众多商品和不同的消费者偏好中,创造出具有视觉吸引力的商品形象以触动消费者心理,是包装设计对色彩选择的基本要求。

1. 化妆品包装

对于化妆品类,设计师们通常倾向于选用温和的中明度或高明度的色彩,能够营造出一种和谐优雅感,符合化妆品所希望传递的美感理念(图6-6~图6-8)。

图6-2 橙汁与牛奶

图6-2:根据商品包装的色彩,消费者能联想出包装中的商品。

图6-3 玉米片包装

图6-3:现在大多数人都喜欢到无人销售的超市里自己选购商品,包装商品必须在短时间内迅速吸引住消费者选购商品的视线,这样才有可能导致消费者进一步的判断和购买,这是促使商品能否销售的因素之一。

图6-4　巧克力包装　　　　　　　　　　　　　图6-5　薯片包装

图6-4：迷人的巧克力包装以航海为主题，星空为色调，让人感觉像在现实与神话之间遨游。
图6-5：从包装上不仅能够一眼就认出奇异果、鲜橙、草莓三种不同口味的牛奶，同时看着这个颜色就能感觉到牛奶的丝滑口感。

图6-6　洗发液包装

图6-6：用淡绿、淡粉红、淡玫瑰色让消费者联想到自然、轻快之美。

图6-7　联名款化妆品礼盒　　　　　　　　　　图6-8　腮红包装

图6-7：化妆品与国民IP联手推出的新春限量礼盒，红色不仅仅吸引人的目光并且带有浓厚的中国年味道。
图6-8：活力珊瑚橘是一个超级受女性喜欢的颜色，特别适用于彩妆。

2. 茶包装

绿色，在茶叶包装的色彩选择中占据显著的地位。这种颜色的选择并非偶然，因为绿色是茶树本身的颜色，当茶叶经过泡制后，茶汤也往往呈现出不同程度的绿，这也加深了人们对绿色的这种自然联想。在人们的生活经验中，绿色也是茶给人的第一视觉印象（图6-9、图6-10）。

3. 饮料包装

在当代社会，饮品已然成为人类日常生活中的必需品，各式各样的饮品销售点层出不穷。饮品包装是饮料的载体，设计风格亦随着社会审美观念的演进而不断更新。由于市场上饮品种类琳琅满目，商家们为了更好地吸引顾客，不断在包装设计色彩运用上做出创新，那些五彩斑斓、设计独特的饮品包装成功地抓住了消费者的目光（图6-11~图6-13）。

图6-9 茶包装

图6-9：心理学家认为，绿色是一种生存本能的颜色，它对人心理上的安静和修养有着积极的作用。宁静的绿色为我们不安的生活创造了一个必要的平衡，它引领我们进入休息，帮助我们摆脱烦躁而进入渴望中的和谐境界。

- 铝制的盒子不仅实用方便而且非常环保。
- 精致的茶叶包装似乎承诺着要为顾客提供最优质的茶叶。
- 不同颜色的盖子代表不同的品种，更有格调。

图6-10 小罐茶包装

图6-10：小罐茶包装以金色与黑色为主色调，寓意高贵、神秘，呈现出高端、典雅的气质。小罐茶品牌通过色彩传达了品质、传统与创新相结合的理念，使消费者在视觉上产生强烈的认同感。

图6-11　果汁饮料

图6-11：与水果相对应的饮品颜色方便顾客快速找到喜欢的口味。

图6-12　蜂蜜威士忌包装　　　　　图6-13　养生饮料

图6-12：黑色是一种便于隐藏的颜色，但是黑色包装上的金黄色在黑色的衬托下更加亮眼。

图6-13：这种颜色一般很少用于饮料包装上，因为相对来说它并不是那么吸引眼球，但是却有一种高级的质感。

6.2　标志与设计色彩

在标志文化发展史中，颜色扮演了无可替代的角色。颜色，作为一种无声的语言，尽管其表达的信息相对有限，却以其直观的视觉冲击力和深远的象征意义发挥着巨大的威力。

颜色在标志设计中要具有类似于信号的辨识度，以便公众在繁杂的视觉环境中能迅速地将注意力集中到某一特定物品上，在极短的时间内形成持久的记忆。如果说包装设计的色彩是直接与公众接触、产生吸引力的关键要素，那么标志设计中，色彩则是核心且恒定的辨识要素。即便包装的设计风格经历了多次变迁，标志的色彩依旧保持其稳定性。在标志设计中运用标准色，不仅有助于吸引消费者的目光，更能在增强公众记忆的同时塑造出独特的品牌个性，使消费者对标志产生深刻的识别印象（图6-14～图6-17）。

色彩的选择与搭配着重应考虑色彩的三个基本属性以及它们之间的相互作用。人们对色彩的感知与偏好存在文化、个体差异，这些差异性在标志设计中应得到充分考虑。应追求色彩的简洁性，过多色彩种类

宝马的标志简单大方，没有过多的装饰，容易辨认。

中间蓝白相间的圆形图案是宝马标志的显著特征，该设计巧妙地将蓝天与白云的色彩搭配融入其中，又像是正在旋转的螺旋桨，更深层次地寓意了企业持续向前发展的动力和潜能。

图6-14 宝马汽车标志

保时捷作为一家一流的企业，标志自然设计的华丽精美。

保时捷的车标具有极高的辨识度，其采用的红色、黑色和黄色组合不仅富有视觉冲击力，同时也富含深意。这三个颜色源自德国国旗，在品牌标识中汇集成一个富有激情的盾形徽章。

图6-15 保时捷汽车标志

图6-14：宝马汽车标志以蓝色和白色为主，呈现出稳重、高端的形象。蓝色代表科技、实力，白色则寓意纯洁、高贵。
图6-15：保时捷汽车标志采用红色和黑色，展现出运动、激情的气质。红色象征速度与激情，黑色则给人一种稳重、高端的感觉。

企业的标志是传达给消费者的第一印象，据调查，85%的消费者会把色彩作为他们购买过程中的首要因素。世界上500强企业中有54.5%的企业会选择蓝色作为企业标志的主要颜色。

（a）沃尔玛标志

众多的企业选择蓝色作为公司标志的主要颜色，是因为蓝色的波长短，它所传达出的是冷静和克制，给人安全感。

（b）家乐福标志

图6-16 蓝色标志

图6-16（a）：沃尔玛采用蓝色作为品牌标志的主色调，蓝色代表稳重、信任，给人一种安心、放心的感觉，而黄色代表假日，有购物休闲的寓意。
图6-16（b）：家乐福标志采用深蓝色与红色搭配，将法国国旗上的主导色引用至标志中，表明了零售巨头国籍。

（a）肯德基标志

（b）可口可乐标志

图6-17 肯德基与可口可乐的红色标志

图6-17（a）：除了蓝色以外，世界500强企业中有39.8%的企业选择红色作为公司标志的主要颜色。与蓝色的理智相反的是，红色代表的是热情。
图6-17（b）：与蓝色的寡淡相比，红色就要热烈得多，红色在所有的颜色中波长最长，会给人强烈的刺激感。它最能吸引感性、享受型的消费者，所以备受连锁企业、文化和娱乐行业的热爱。

的使用会导致视觉上的混乱，降低标志的辨识度，尽量使用单一色彩作为图形的主导色，以实现视觉上的统一（图6-18～图6-21）。

基本的色彩配置手法包括：原色搭配是构成其他所有颜色的基础，具有鲜明的特征，当这些颜色结合使用时，能够创造出醒目且艺术张力十足的视觉效果；同类色搭配通过选择同一色系中不同明度和饱和度的颜色来进行搭配，如从明亮的橘黄色到深沉的黄色，能够表达出动态的视觉效果；补色搭配在色轮上选取相对位置的颜色，形成鲜明的对比，使得图形和色彩显得更加突出和生动，给人留下深刻印象（图6-22、图6-23）。

图6-18　黑色标志

图6-18：孔雀服饰标志以黑色为主色调，配以简洁明了的线条，黑色与白色的搭配，使得标志更加醒目，易于识别。此外，黑色还具有一定的神秘感，为品牌注入了一种高贵、典雅的气质。

图6-19　绿色标志

图6-19：相宜本草以绿色为主色调，搭配浅绿色白色，形成了一种清新、自然的视觉风格。绿色与白色的搭配，使得标志更加醒目，富有生命力。同时，绿色还具有一定的舒缓作用，为消费者带来一种宁静、舒适的感受。

黑色代表着力量，彰显企业的实力。任何一个想要给人一种权威的感觉的企业标志只要有一些黑色的元素。

孔雀服饰的标志会给人一种"我穿上就很有力量"的感觉。

绿色象征着生命和活力，代表着尊重和平安。

绿色通常与金融、保险和自然有关联，环保方面的企业非常喜欢用绿色。

图6-20　棕色标志　　　图6-21　黄色标志

图6-20：棕色作为一种暖色，代表着自然，意味着优势和好处，不会过于吸引注意，但是能创造一种和谐简洁的氛围。棕色也能够引发严肃和责任的情绪。

图6-21：黄色是一种炫目的颜色，通常用作吸引人们的注意。黄色会给人一种快乐、童真的感觉，应用在快餐、玩具、家庭聚餐等面向家庭的服务的企业标志上再适合不过了。

（a）蓝色与红色搭配

标志的色彩在绝大多数情况下为1-2种色彩，当然并非绝对，只要运用得当，偶有使用多色表现，也可取得不俗的效果。

标志的色彩表现尽可能简单鲜明，除非特别需要，一般不宜用多种色彩，以免杂乱，应根据具体的设计定位，选择最合适最恰当的色彩进行表现。

（b）红色标志

一般应选择高纯度的鲜艳颜色进行表现，以提高标志的醒目度，有时也会为追求别致的表现，采用中低纯度的色彩表现。

图6-22　标志色彩运用

图6-22（a）：蓝与红色的搭配，是一种极具视觉冲击力的色彩组合。这两种色彩的搭配，既表现出红色的热情与活力，又体现了蓝色的宁静与理智。

图6-22（b）：色彩设计在医疗服务标志中可以传达情感。色彩可以引发人们的情感共鸣，红色具有警示、激励、鼓舞的作用。

世界著名的苹果集团，初期的标志设计非常复杂。

之后的标志也是十分花哨的彩虹色。

随着企业知名度的提升，企业标志的颜色也越来越简朴，从绚丽的彩虹色到极具科技感的金属色，变化不可谓不大。

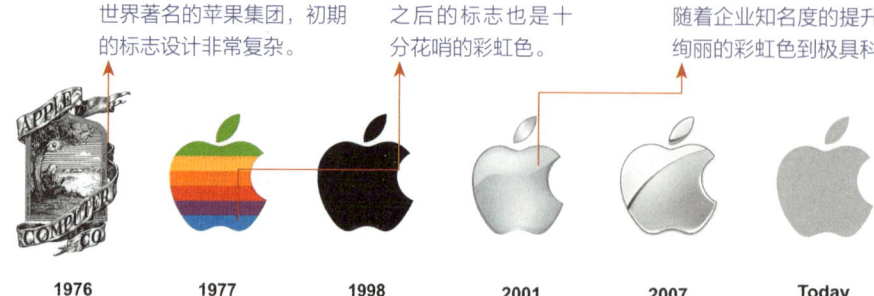

1976　　1977　　1998　　2001　　2007　　Today

图6-23：苹果公司的标志演变和色彩设计内涵展现了其不断创新、追求极致的品牌精神。从初创时期的绿色苹果到如今的深灰色苹果，每一个阶段的标志都承载着苹果公司的历史和文化。

图6-23　苹果标志的演变

6.3 广告与设计色彩

一个成功的广告少不了丰富的色彩，但也不可以将所有的颜色都运用到同一个广告中，这往往会使画面变得纷乱无章，产生过犹不及的感受。

6.3.1 色彩在广告中的作用

彩色广告比单色广告更具视觉吸引力，因其醒目的视觉效果能够瞬间影响观众注意力。彩色广告更能表现商品的真实性，能够更逼真地复制商品的本色，包括色彩、质感以及量感，从而提供一个更为真实的产品展现，这对于消费者认知商品特性至关重要（图6-24）。此外，彩色广告还承载着企业或其产品的象征意义，在塑造品牌形象方面发挥着不可或缺的作用（图6-25）。

现代广告设计是由色彩、图形、文案三大要素构成的。其中，色彩在广告设计中占据了至关重要的位置，图形与文案都依赖于色彩的传达。色彩在广告设计中的运用应遵循一定的原则，简单来说就是"总体协调，局部对比"。在广告的整体色彩运用上，应追求和谐统一的效果，而在局部区域，可以有意识地引入色彩对比，以增强视觉冲击力和传达力（图6-26）。

色彩被人赋予了不同的心理感知，具有丰富的象征意义和文化内涵。例如，嫩绿色与生长和春天相关联，金黄色与丰收和秋天相关联。其次，色彩还有社会身份和职业的象征，例如，军警选择橄榄绿来象征力量和坚韧，而医疗行业选择白色来象征卫生和救助，这些色彩的选用不仅反映了各自行业的价值观，同时也帮助公众识别和联想到这些社会实体。在设计领域，色彩的选择可以影响观众的心理反应，如冷、暖感觉，进、退的效果等。此外，不同民族对于色彩的偏好受到其历史、环境和文化的深刻影响，设计广告时考虑到目标受众，创造更具共鸣和影响力的广告作品（图6-27）。

（a）黄色背景

（b）紫红色背景

图6-24　广告设计

图6-24（a）：黄色的背景色与主体产品的绿色作为搭配，形成鲜明的对比，引发公众的统觉心理，刺激消费需求。

图6-24（b）：通过商品各自独特倾向的色彩语言，能够使消费者更易辨识和产生亲切感，使公众或消费者一看广告的颜色基调，就能估计出是哪个企业，哪种商品。

佳洁士的包装一直采用的都是蓝色，因此这个广告的配色一眼看上去就让人联想到佳洁士。

广告画面简洁、概念嫁接简单，浅蓝色的背景一如既往的给人清洁、专业的感受。除此之外，蓝色也让人联想到冰冷的饮食给牙龈带来的疼痛。

图6-25　佳洁士广告设计

图6-25：广告背景为蓝色，牙虫的巧克力覆盖在冰淇淋上，寓意对牙齿的伤害，警示消费者减少甜品，及时刷牙。

（a）柠檬汁广告

（b）苹果汁广告

图6-26　饮料广告设计

图6-26（a）：挖掘广告色彩的表现力，设计出视觉效果强烈、具有新意的作品，巧妙的运用色彩，产生醒目、和谐、富有美感的画面效果，使广告更出彩，更能打动消费者。

图6-26（b）：设计师要表现出广告的主题和创意，充分展现色彩的魅力。要根据不同的主题搭配不同的色彩。

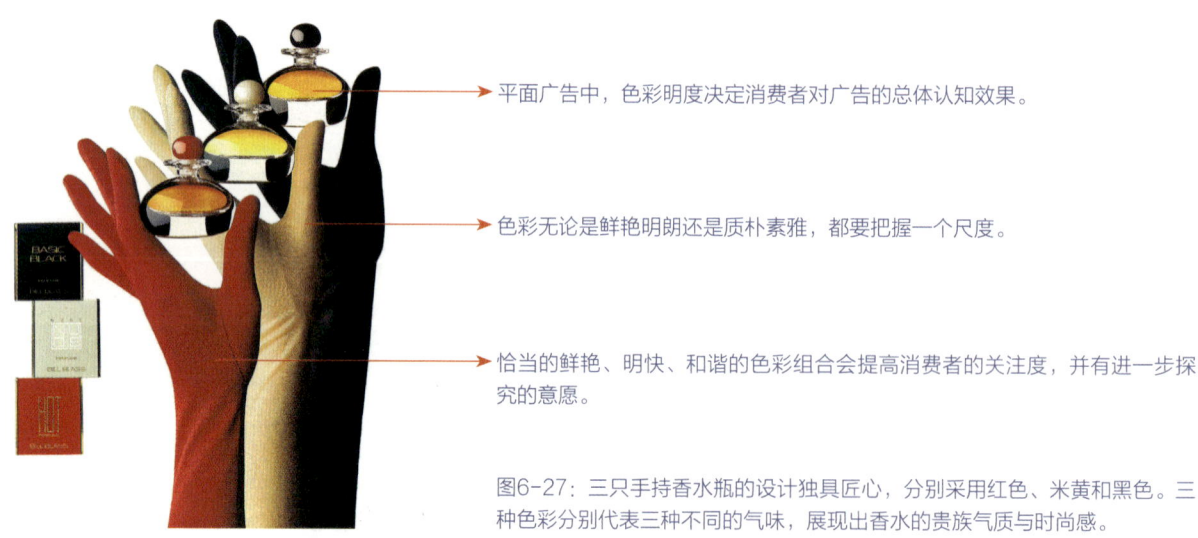

平面广告中，色彩明度决定消费者对广告的总体认知效果。

色彩无论是鲜艳明朗还是质朴素雅，都要把握一个尺度。

恰当的鲜艳、明快、和谐的色彩组合会提高消费者的关注度，并有进一步探究的意愿。

图6-27：三只手持香水瓶的设计独具匠心，分别采用红色、米黄和黑色。三种色彩分别代表三种不同的气味，展现出香水的贵族气质与时尚感。

图6-27　香水广告设计

6.3.2　色彩配色方案

1. 暖色调

暖色调即红色、橙色、黄色、赭色等色彩的搭配。这种色调的运用，可使广告呈现温馨、和煦、热情的氛围。

2. 冷色调

冷色调即青色、绿色、紫色等色彩的搭配。这种色调的运用，可使广告呈现宁静、清凉、高雅的氛围。

3. 对比色调

对比色调即将色性完全相反的色彩搭配在同一个空间里。例如：红与绿、黄与紫、橙与蓝等。这种色彩的搭配，可以产生强烈的视觉效果，给人亮丽、鲜艳、喜庆的感觉。当然，对比色调如果用得不好，会适得其反，产生俗气、刺眼的不良效果（图6-28～图6-33）。

使用对比色调要把握"大调和，小对比"这一个重要原则。

总体的色调应该是统一和谐的，局部地方可以有一些小的强烈对比。

底色深，文字的颜色就要浅，以深色的背景衬托浅色的内容；反之，底色淡的，文字的颜色就要深些，以浅色的背景衬托深色的内容。

在做色彩搭配时还要考虑背景色的深、浅。

图6-28 高露洁创意广告

图6-28：广告的趣味性体现在羊露出洁白牙齿的生动形象。这种设计手法既吸引了消费者的注意力，又巧妙地传达了产品的主要功能是保持口腔健康。广告中的羊形象可爱、有趣，使人过目难忘。

图6-29 果蔬饮料广告设计

图6-29：将苹果放置在蛋糕纸杯中，这种独特的呈现方式激发了消费者的好奇心和购买欲望。这种设计手法使消费者在品尝果蔬饮料时，能够联想到美好的生活和健康的身体。

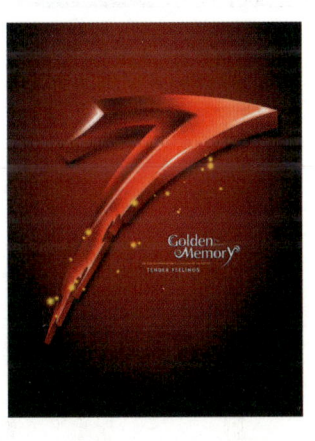

图6-30 数字创意广告

图6-30：广告的色彩要独特醒目、主次分明有整体感，色彩的明度、纯度越高就会越有吸引力。

图6-31 胡萝卜汁饮料

图6-31：在色彩画面的整体感上，要通过小面积的色彩明暗变化使画面生动起来。

图6-32 冰棍饮料

图6-32：色彩要从属于广告表达目的而存在，其中包括画面色调的确定，色彩面积的安排。

图6-33 可乐广告

图6-33：平面广告主题画面要求设计者根据主题内容和视觉效果进行整体调整，再考虑局部色彩对比度的运用。

6.4 网页设计与设计色彩

在网页设计中，色彩的应用并非孤立，而是构成一种相互关联的视觉序列，这种序列在视觉上形成一种和谐统一的整体色彩感，被称作色调。色调可以被看作色彩的综合状态，它在很大程度上决定了配色的视觉效应。在实践中，如果遇到强烈对比的色彩组合，可以通过引入黑色以实现调和，从而达到视觉上的平衡（图6-34~图6-43）。

（a）黑色网页设计　　　　　　　　（b）蓝、白网页设计

图6-34　网页设计

图6-34（a）：黑色给人以稳重的心理感觉，常与其他的色彩搭配。黑色可以稳住跳跃的色彩，使画面和谐，利于达到统一的视觉效果。

图6-34（b）：白色和灰色常用来做背景色，它们对视觉没有刺激，适合阅读。

图6-35　同色系页面设计

图6-36　同色系页面设计用色

图6-35：同色系页面设计是指主色和辅色都在统一色相上，这种配色方法往往会给人页面很一致化的感受。

图6-36：整体蓝色设计带来统一印象，颜色的深浅分别承载不同类型的内容信息，比如信息内容模块，白色底代表用户内容，浅蓝色底代表回复内容，更深一点的蓝色底代表可回复操作，颜色主导着信息层次。

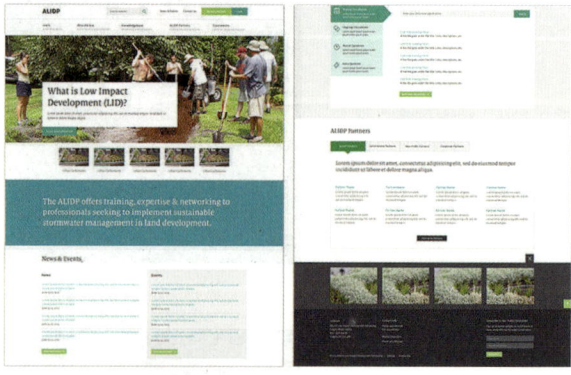

图6-37　邻近色页面设计

图6-38　邻近色页面设计用色

图6-37：邻近色的配色在网页设计中非常常见，邻近的搭配比同色系的搭配看起来更加丰富。

图6-38：纯度高的色彩，基本用于组控件和文本标题颜色，各控件采用邻近色使页面不那么单调，再把色彩饱和度降低用于不同背景色和模块划分。

图6-39 类似色页面设计

图6-40 类似色页面设计用色

图6-41 明亮色调页面设计

图6-39：类似色的搭配也是网页设计中比较常见的一种。

图6-40：红黄双色主导页面，色彩基本用于不同组控件表现，红色用于导航控件、按钮和图标，同时也作辅助元素的主色。利用偏橙的黄色代替品牌色，用于内容标签和背景搭配。

图6-41：饱和度与纯度特性明显搭配，在达到视觉冲击力的同时，可适当采用对比色或降低明度等方法调和视觉表现。

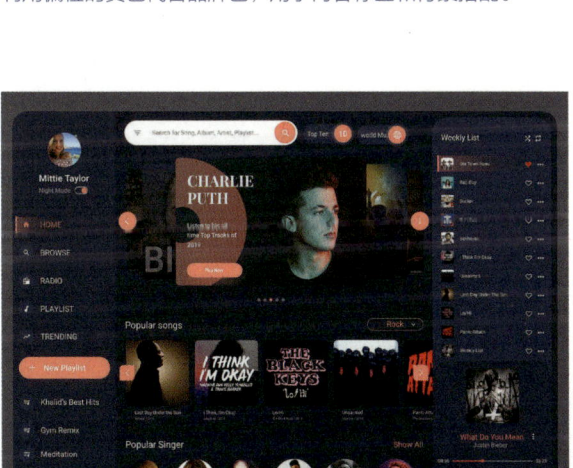

图6-42 深暗色调页面设计

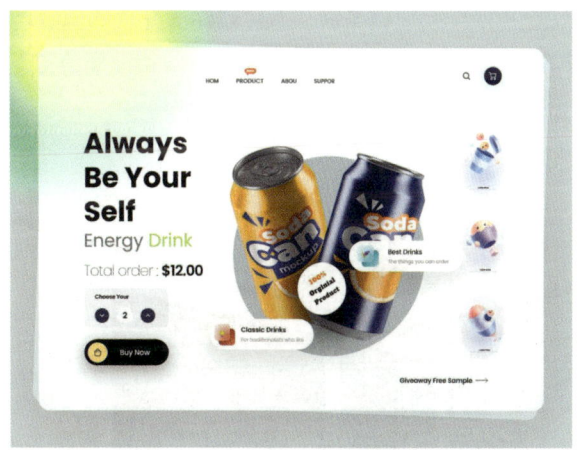

图6-43 饮料网页

图6-42：页面以深暗色调为主，红黑的搭配更显企业的高级感，白色文字的排版，使整个页面显得厚重精致。

图6-43：网页设计作为一种视觉语言，特别讲究编排和布局，通过合理的排版与布局表达出和谐与美。

6.5 室内设计与设计色彩

室内设计领域中，色彩运用是视觉感知中最为显著的标识。不少室内空间装修精致豪华，却因为色彩搭配上的欠缺协调，而未能达到预期的视觉效果，给人以杂乱无章之感。如卧室、客厅、厨房以及卫生间等区域色彩的不和谐，会严重影响居住的心理体验。

色彩的统筹规划对于室内环境风格有决定性影响，能够创造出视觉上的冲击力和艺术上的审美体验。在室内设计中，色彩形成空间的第一印象。深入理解不同颜色所蕴含的功能意义,以及色彩与人的情感需求的匹配,色彩运用的洞察力和敏感度对于设计者来说是不可缺少的专业素养。

6.5.1 中式风格配色

在中式风格的室内设计中,颜色的和谐搭配是至关重要的,要融合古典美学与现代都市的生活感。若空间主体物件的颜色较深且倾向于暖色系,为了达到平衡,陪衬色应当选择浅色调,并通过增添少许冷色系的家具及装饰品来形成色彩的互补。例如,在白色的墙面上点缀大红色背景墙,能够相互映衬,创造出宽敞的空间感。相反,过度使用深色装饰可能会带来一种沉重感,影响居室的舒适度。

中等面积的房屋,家具应选择采用浅色调,例如以红色和黄色为基础的色彩系列,不仅有助于营造温暖舒适的氛围,而且可以有效地增加色彩的层次感,防止空间色彩显得单调。通过精细调配这些温暖色调,可以达成室内色彩的和谐与统一,进而使得整个居住空间在视觉上显得更为宽敞生动。

新中式风格在色彩配置上,既传承了传统中式色彩的韵味,又进行了创新。在保留传统色彩的基础上,融入现代色彩元素,使整体设计更加符合现代审美。相较于中式色彩配置,新中式风格在色彩搭配上具有更高的灵活性。设计师可以根据业主的需求和家居风格,自由发挥,创造出富有个性和创意的设计。此外,新中式风格在色彩配置上,更加注重色彩与空间的和谐。通过色彩的搭配,使空间更加富有层次感和氛围感,同时展现出独特的东方韵味(图6-44、图6-45)。

在色彩的运用种类上,新中式风格通常使用较少种类和色系的色彩,新中式风格色彩的明度对比明显,而纯度对比则相对较弱,在背景色的选择上倾向于使用较浅色调(图6-46、图6-47)。

新中式风格与现代简约风格不同,新中式风格的主色调分明,不能为了突出少量部分的效果,而在用色上喧宾夺主。新中式风格的造型和色彩配置,受到热爱中国传统文化人士的喜爱,广泛使用在家居空间中的客厅、书房和卧室空间(图6-48、图6-49)。

图6-44 新中式配色

图6-45 中式配色

图6-44:整体装饰色彩为冷色,但是在装饰色彩上选择适当的暖色来补充。
图6-45:大面积使用暖色来装饰,加上暖黄色的灯光,空间更显沉重。

图6-46 暖色系

图6-47 冷色系

图6-46：不同的黄色点缀空间，使人一眼明了整个空间为暖色系。
图6-47：单调的白与灰之间散布的浅蓝色系活跃了整体空间又不显突兀。

图6-48 新中式

图6-49 现代简约

图6-48：以浅色系为主点缀配比适当的冷暖色系，整个空间显得厚重而深沉。
图6-49：同样以浅色为主题，冷暖色系为点缀，但却显得活泼、明快。

6.5.2 北欧风格配色

北欧设计风格在当代备受推崇，其核心元素在于"简约"和"白"。这种设计风格，可以归因于北欧地区特定的自然环境——夏季短暂，冬季漫长，日照不足。为了弥补自然光线不足的缺陷，北欧居民在室内设计上做出了创新性的选择，即大量使用落地窗和宽敞的窗户来引入户外光线，使用大面积的留白来反射和增强有限的光线，以此增加室内空间的明亮度。如果担心空间过于单调或冷冽，可以运用颜色多样的织品，搭配淡色木制家具让空间具有层次与温度感（图6-50）。

北欧风格传入中国后，其设计不必再在局限于传统的白色调，而是可以通过黑与白的对比搭配，凸显出一种简约而不失格调的时尚感。在这种风格中，大量的白色与黑色线条元素相融合，通过中间的灰色进行过渡衔接，恰到好处地把握住各种元素的比例，从而使得整个空间更加高雅且有品质感（图6-51）。

北欧设计中的色彩运用体现了其独特的审美和生

图6-50 白色系

图6-51 黑白灰色系

图6-50：整体刷白让空间更显空旷，原木色的搭配与白色相得益彰。
图6-51：大面积的刷白、灰色背景墙、黑色的置物架、黑色的灯具等黑白灰无色系的组成与蓝色的沙发、窗帘搭配，显得既整齐，又有节奏感。

图6-52 灰绿色系

图6-53 莫兰迪色系

图6-52：拥有充足光照的房间当然不必再刷明晃晃的白色，灰色系更能体现空间的质感。同时家具选择少量黄色进行搭配，点缀空间活力。
图6-53：莫兰迪色系就是高级灰的应用，它的色系运用能让空间平和自然、舒缓雅致，呈现一种静态的和谐美。

活哲学，在不打破整体和谐的前提下，让色彩在白色空间中不显突兀也是北欧用色的一种方向。北欧设计师偏好将灰色调融入色彩之中，如灰绿色、灰蓝色等，以此来实现空间色调的协调。在体现北欧风格的空间设计中，一幅精心挑选的画作或是一盆生机勃勃的绿植，都是增添色彩层次感与视觉兴趣的巧妙方式。此外，北欧人在运用色彩时，常常选择饱和的正蓝色、正红色、正绿色等明亮色彩，以此来进行视觉上的跳跃，从而丰富居家环境。需注意的是，在色彩的运用上应避免超过三种色块和花样，以免造成视觉上的混乱（图6-52、图6-53）。

6.5.3 日式风格配色

要打造经典日式风格，关键在于精确的色彩选择（图6-54）。日式装修风格给人带来平和与宁静的第一印象，多采用植物的天然色泽作为基本色调，强调空间的自然气息，并展现出一种纯粹而稳重的审美。

通过有效地整合自然元素，室内环境能够促使人心情平和，进行沉思与内省。墙壁上有精致的图案装饰，高雅且透露出中国古风韵味。

日式空间的设计理念在于对自然之美的追求与内在平和心境的营造。设计师们常常采用哑光质感的材料，通过粗糙的触感和随性的形态设计以达到彰显自然本质的目的。这种设计哲学下，空间本身仿佛过滤掉了繁华世界的喧嚣，散发着一种静谧的美感。在色彩的选择上，这样的空间通常偏好饱和度较低的色系，如白色、灰色、米色等，这些色彩不仅本身带有宁静的属性，而且能够很好地衬托出材料的本质和空间的氛围（图6-55、图6-56）。

6.5.4　美式风格配色

美式风格追求自由随性，同时又带有怀旧色彩。在色彩选择上，美式风格偏好使用暗棕色和土黄色作为主色调，传递出一种质朴温馨的感觉，体现出沉稳的气质。在地板和家具的选择上，大地色系如棕色和土黄色的广泛运用，为整个空间带来一种稳重和低调的质感，这些色彩往往集中于空间的下部区域。对于墙面及天花板的色彩选择，设计师们更倾向于使用浅米色和浅咖啡等更为柔和的色彩，能够营造出一种温暖而复古的氛围，使得整个空间在视觉上显得更加宽敞和舒适（图6-57、图6-58）。

高级灰天生带有难以言喻的神秘感和高贵气质，能够在不知不觉中提升空间配色的层次，为空间增添时尚与个性化元素，是一种极为百搭的颜色。尽管高级灰在美式风格室内空间中的应用可能削弱其复古氛围，但同时能带来现代审美中独有的个性美。

美式设计风格多样，正如中国的多样地域文化特色一样，每个区域、每种人群都有各自不同的喜好，美式风格因此显示出极大的灵活性。在颜色选择上，设计师不必局限于特定的色调范围，而是根据不同顾客的喜好和需求进行配置。

（a）简约系色彩搭配　　　（b）黑白灰色彩搭配

图6-54　日式色彩选择

图6-54（a）：充满了日式风格的配色，简单干净的蓝灰色和淡褐色之间自然搭配，整体显得明亮舒适，却给人稳重不凡的气度，在家居设计和商务设计中应用都有不错的效果。

图6-54（b）：黑色、灰色、白色这三种纯度极低的色彩构成了一个无色系的搭配，显得简洁而冷静，这个搭配在日式风格的设计中经常看到，淡淡的黄色也给整体加上一丝暖意。

图6-55　低纯度色彩搭配

图6-56　原木色系

图6-55：柔和的色彩搭配给人以和谐的感受是设计禅意空间的基础。在视觉上的连续性使得色彩在变化上不能太大，多自然过渡。

图6-56：在日式装饰装修中，设计师多以要求使用木材的原色调来体现生命的气息，体现禅意、简约、朴素的精神。

6.5.5　欧式风格配色

白色是简欧风格中最常见的色彩，被广泛采纳作为基础色调，是简约主义精神的体现。在简欧风格的

图6-57 浅色系

图6-58 深色系

图6-57：小户型适合的小美式风格所用颜色会活泼明朗些，高级灰常常被运用。

图6-58：暗棕色、土黄色等深色系一般会出现在传统美式风格的设计运用上。

装修中，白色通过其纯净和简洁的视觉传达，成功地将空间的视觉效果进行优化，营造出一种开放而清新的居住环境，以其特有的方式，精确地展示简欧风格所追求的精致与纯粹（图6-59）。

复古与温馨的融合是简欧风格的一大特色。大地色系作为欧式风格的经典配色，不仅展现了一种复古情调，还能营造出一种小资的缱绻和温情，给人的感觉仿佛是在维多利亚时代品味一杯下午茶，让人沉浸在往日时光中。此外，低饱和度的灰色系也是热门选择，其简约而不失格调的特性深受欢迎，点缀较高饱和度色彩，与低饱和度形成鲜明对比，能够展现出贵族般的气息，成为设计中的亮点（图6-60、图6-61）。

图6-59 白色系

图6-59：以白色为主色调，加上水晶吊灯和边框装饰，整体显得干净清冷。

图6-60 低饱和度

图6-61 高饱和度

图6-60：低饱和度的高级灰让整个空间显得清新和畅、慵懒舒适。

图6-61：棕红色的运用不仅没让空间显得庸俗，反而有一种华丽的美感。

6.6 服装设计与设计色彩

在服装设计领域，醒目的色彩能够极大地吸引观众的视觉注意力。颜色首先让观众对服装留下第一印象，其次才注意到服装形态美感、材质与制作工艺，所以，色彩实际上是构建服饰整体美感的核心要素，能够在服饰上发出最响亮的"声音"。色彩通过多种多样的组合方式，对人的情绪产生影响，创造服饰的艺术氛围和审美体验，是表达穿着者个性特质的有力工具（图6-62）。

在中华文明悠长的历史画卷中，服饰的演变反映出社会变迁。起初，衣服仅仅具有基本的防护与遮蔽功能，随着物质条件的改善，逐渐蜕变为社会成员身份和地位的标志。服饰不单是御寒蔽体的工具，更上升为一种伦理与道德的载体，体现了社会分层中"贵贱有别"的秩序，成为冠服制度中用以表达身份地位的重要元素（图6-63、图6-64）。

在服装设计领域，色彩、造型以及质料构成了基本的设计元素，其中色彩发挥最重要的作用。设计师如何在服装设计中巧妙地运用色彩，以实现高雅而非单调和平庸，直接关联到色彩搭配的艺术性，涉及到色彩的对比、互补、以及色彩的情感表达等方面。

6.6.1 色彩明度

色彩的明度、调性和对比度是衡量色彩配置优劣的关键因素。在服饰设计中，不同的色彩明度可以创造出不同的视觉效果和情感表达，服饰明度配色的基本形式大致可以分为以下三类（图6-65~图6-67）。

高明度色彩的搭配。呈现出一种高雅且明快的视觉体验，常见的如白、高明度淡黄、粉绿、粉蓝等色彩。这类色彩的组合在视觉上能够营造出一种愉悦和清澈的氛围。

中明度色彩的搭配。传递出一种沉稳而内敛的气质，特别受到中年群体的青睐。在此基础上，使用鲜艳的红色或蓝色饰品进行点缀，能够赋予穿着者活力。

低明度色彩的搭配。低明度的色彩在冬季服饰中占据主导地位，展现出一种静谧且深邃的特质。年轻人在穿着这类色彩时，往往显得比较沉稳和内敛；而对于年长者来说则体现出一种庄重和深沉的气质。对于知识分子而言，低明度的色彩搭配更是彰显深厚文化教养。

（a）女士服装搭配

（b）男士服装搭配

图6-62 服装设计

图6-62（a）：色彩是表达情感的一门艺术，可以说色彩是整个服装的灵魂。女士服装较为丰富，在颜色的选择上更加多样。
图6-62（b）：男士服饰除了休闲装以外颜色多为黑、白、灰。

图6-63 清 乾隆皇帝画像　　　　　　　　　　　　图6-64 明 孝靖皇后画像

图6-63：中国上下几千年，服装的色调受到中国传统"五行"理念影响，以黄色的神圣和至高无上，象征中央集权，红色象征南方、青色象征东方、白色象征西方、黑色象征北方。

图6-64：后宫妃嫔之中只有皇后可以穿明黄色、正红色的衣服。

图6-65 高明度服饰　　　　　图6-66 中明度服饰　　　　　图6-67 低明度服饰

图6-65：高明度色彩常被认为是富有女性感的色调，也是夏季常用的服装色调。

图6-66：中明度色彩表现出模特朴实、传统的气质，但是在平凡中又能透露出与众不同的细节。

图6-67：低明度调的配色形成偏深色的沉静调子，具有一种庄重、严肃、文雅而忧郁之感。

6.6.2 色彩的色相

在整体服装设计中,色彩的搭配涉及多种色彩的和谐融合。为了达到理想的视觉效果,设计师不仅需要考虑明度和纯度的变化,还要将色相作为核心。运用色彩时,寻求统一的元素至关重要。多色搭配所形成的视觉效果和特性主要受色相差的影响,而搭配方式则可以细分为邻近色相配色、类似色相配色、差色相配色、对比色相配色、补色色相配色、有彩色相与无彩色相配色(图6-68、图6-69)。在服饰设计时,要注意几点:

(1)色彩的明度、色相和纯度上保持适度对比,避免过于刺眼或单调。

(2)色彩与画面的面积、形状、位置以及聚散虚实等要素要达到统一,以呈现出一种视觉上的平衡感。

(3)色彩之间相互呼应、穿插、叠加,并在主从关系上寻求和谐,确保画面多变而不失统一,避免出现杂乱无章的效果。

6.6.3 色彩的纯度

在进行服饰色彩搭配时,需考虑不同明度和色相的纯度差异,此差异会导致多变的视觉影响。例如,当两种颜色的纯度接近,明度差异细微时,所呈现的色彩效果温和,视觉的清晰度相对降低;相对地,若两种颜色的纯度对比显著,同时明度差异大,服饰色彩会显得更加生动活泼,提高视觉的鲜明度。

在服饰色彩的设计过程中,不仅需要掌握色彩之间的相互关系,还应着重考虑色彩与面料质地、图案设计,以及色彩与人体形态的关系等因素,这些因素共同影响着服饰的整体视觉美感,构成了服饰色彩设计的美学基础。即便是由相同材质和图案所构成的服饰,由于搭配的不同,能够引发人们的多种视觉体验和情感反应(图6-70)。

图6-68 撞色服饰

图6-69 类似色

图6-68:巧妙的撞色搭配能够提高一个人的整体气质,展现自信与活力,张扬个性。
图6-69:类似色的服饰搭配因为颜色较为相近,所以不会互相产生冲突,有协调、平和的感觉。

（a）深红色礼服　　　　　　（b）红色礼服

图6-70　不同纯度的服饰

图6-70（a）：纯度配色时，要充分运用好明度差、色相差、面积差之间的关系来控制服饰色彩。它的好坏或成败，在于色彩关系是否适度，即局部上有一定的变化与对比，整体上又有一定的统一与和谐。

图6-70（b）：增强色彩的色相倾向，其纯度相对也就加强了，随之也增强了活泼、动态之感，使服饰色彩情调有所加强或改变；若减弱，与之相反。

6.7　平面设计与设计色彩

色彩的搭配在平面设计中的地位是非常重要的，只有合理的色彩搭配才能展示较好的平面设计作品，通过色彩设计可体现企业、产品的精神与内涵。

6.7.1　主调与变化

设计作品时，为了达到和谐统一的视觉效果，设计师必须精心挑选一种色彩，把这种色彩作为整体基调。这种主导色彩，犹如音乐中的主题旋律，能够深刻地影响观者的心境，使之感受到或是活力四射，或是沉郁低沉，或是优雅飘逸，或是坚实稳重。因此，色彩的基调在塑造广告的风格上扮演着至关重要的角色，它是决定设计作品色彩搭配成功与否的关键。在选择主调时，设计师需考虑作品的主题意涵和所要传达的视觉信息，以确保色彩的协调性和视觉冲击力（图6-71）。

6.7.2　调和与对比

色彩调和性是指色彩之间的协调统一，给人以舒适和谐的感觉。这种调和性可以通过多种方式实现，例如，使用同类色相进行搭配，或者选择在纯度上相似的色彩。此外，保持色彩的共性也是实现色彩调和的重要手段，这包括色相和纯度等方面的相似性。当这些共性得到充分利用并巧妙组合时，便可以有效地创造和谐的色彩氛围。色彩调和的一个显著效果是，有助于形成统一的色彩基调，这不仅能够增强色彩的连贯性，而且还能加深读者的整体印象。

设计作品画面色彩的调和与对比，并不自相矛盾，而应该统一于一个整体。一般说来，陪体可以烘托主体，背景可以突出主体，容易形成强烈的视觉冲击力（图6-72、图6-73）。

在策划广告内容时，首先把握产品的功能特性，其次依据产品的特性和目标受众的心理状态，细致考量主调色彩对于营造广告效果与氛围的影响。

对于一幅画作而言，主导色彩一旦确定，艺术家便可以依据色彩学的原则——涉及色相、明度、纯度等因素的协调与对比——来进一步构建画面的色调，从而传达特定的情感氛围。

（a）红、白搭配　　　　　　　　（b）黄色主色调

图6-71　主调与变化

图6-71（a）：红、白搭配是依据产品的特性和目标受众的心理状态，细致考量辣椒作为主调色彩对于营造广告效果与氛围的影响。
图6-71（b）：黄色作为主导色彩一旦确定下来，便可以立即搭配黑色与之形成对比，穿插少许白色形成调和，从而传达特定的情感氛围。

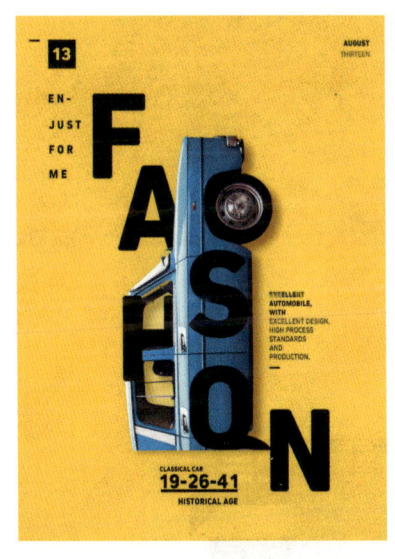

图6-72　汽车广告

图6-72：汽车广告在色彩的选择上选择对比色进行搭配，并运用黑色加粗字体凸显主题。在构图上运用对角线的形式对画面进行平衡。

图6-73　平面设计

图6-73：画面主体是数字6，画面上半部分与下半部分做了纹理的区别，易使平面设计更有层次感。

6.7.3　节奏与韵律

音乐中的节奏概念被广泛地运用于视觉艺术领域，在平面设计中，色彩的有序排列及变化构成了视觉节奏感，能在画面上创造出一种视觉动态，诸如色彩的疏密、大小、明暗对比等元素的巧妙搭配，能够引发观者的视觉兴趣，带来活力动感，同时减轻视觉疲劳，并在心理层面激发愉悦感。色彩的节奏与韵律有三种主要形式：反复，交替，渐变。

1. 反复

反复是指色彩的重复运用，是构建和谐与动感的重要手法。这种手法通过对色彩的多个属性——诸如色相、明度及纯度进行有节奏的变化，从而营造出一种视觉上的抑扬顿挫感，塑造出富有层次且有序的视觉体验。在视觉信息传递的过程中，这种色彩的节奏性重复能够有效地吸引观众的注意力，并产生感染力（图6-74、图6-75）。

2. 交替

交替是指同一种色彩的连续出现，与反复不同的是，交替有意引入其他的色彩元素，以此形成视觉上的分隔。这种手法能够在受众视觉形成持续刺激的同时，提供必要的视觉间歇，避免单调和疲劳（图6-76）。

3. 渐变

渐变是指在平面设计画面中多色配合的阶段性次第变化，一个色彩过渡到另一个色彩形成一种视觉上的旋律，呈现出类似于音乐旋律的节奏感。这种渐变可以是明度的变化，从深到浅，或是从明到暗；也可以是色相的变化，比如从暖色过渡到冷色。在形态上，渐变效果可以表现为从大到小的递减，或相反，从小到大的渐进（图6-77、图6-78）。

一个平面设计想要达到好的视觉效果，不仅仅需要把注意力放在创意与图形文字及版式设计等方面，还要将要部分精力集中在色彩运用及表现方面。只有将这两方面做好，才能使一个设计展现出最好的表现力。

图6-74 白酒包装设计

图6-75 矿泉水包装设计

图6-74：运用线条的横平竖直，进行重复搭配，形成具有中国传统民间元素的包装设计。画面中心根据留白形成白酒的品牌主题。
图6-75：运用不同饱和度的蓝色与线条搭配，绘制山体与河流，最终形成一幅蓝色调为主的山水画。

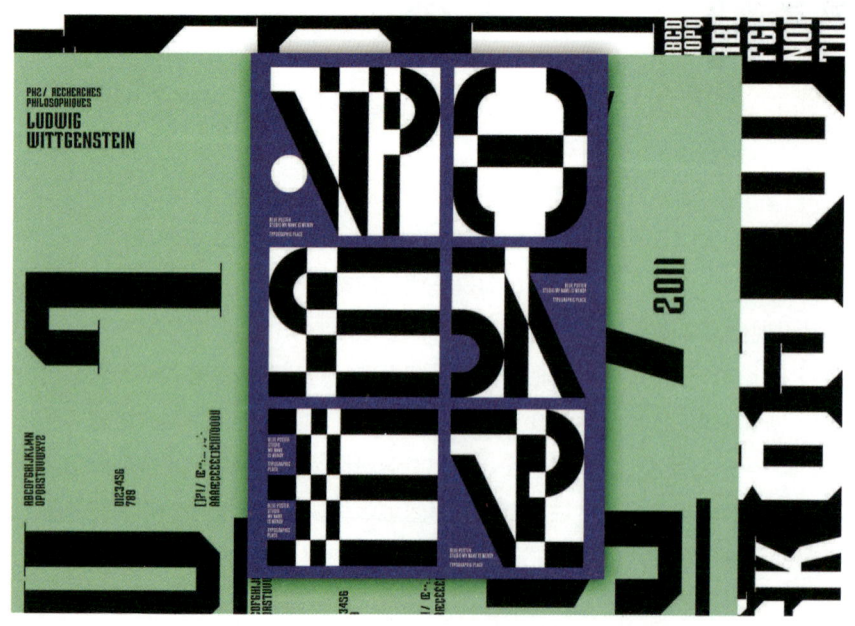

图6-76 广告设计

图6-76：广告作为企业宣传的重要手段之一，在色彩设计上，运用亮色进行视觉吸引，搭配黑白色交替穿插画面，最终形成具有艺术性的视觉感受。

图6-77 渐变入口设计

图6-78 城市插画设计

图6-77：商业空间入口在设计上除考虑实际需求外还需考虑视觉感受。在入口运用渐变色的霓虹灯设计，使空间具有科技感，吸引人前往。

图6-78：插画作品着重色彩感情规律在平面设计中的作用，而且还要注意色彩组合在设计中的运用。运用黑色与粉紫色的渐变搭配，使画面形成景深的视觉感受。

本章小结：

色彩不仅传递美学信息，更深刻影响观者的情绪与感知，能够跨越文化和语言的障碍，直接触动人的内心。色彩能引发人类大脑复杂的生理反应，不同的色彩能够让我们感知到温度、距离、重量及大小，尽管这些并非真实存在。当面对一件设计作品时，色彩鲜明的图像往往迅速吸引观众的目光，而内容则在之后才被注意到。因此，作为设计师，掌握色彩的语言和表达方式是基本技能之一。为了最大化色彩的影响力，设计师需要仔细分析并考虑多种因素，例如不同受众的生活经验、年龄、文化背景和地区习俗等，这些都可能导致人们对色彩的感知存在差异。尽管存在个体差异，人们对于色彩的感情和象征性意义仍具有普遍的共识。

●**课后练习**

1. 简述色彩在包装设计上的应用。
2. 简述色彩在标志上的应用。
3. 简述色彩在网页设计上的应用。
4. 在欧式室内与美式室内风格上，色彩搭配有什么区别与侧重？
5. 如何通过色彩来体现服饰的活力与端庄？
6. 简述色彩组合在平面设计中的应用。
7. 自主选择一种产品，并对其进行包装设计，体现其产品主题（作业数量：1份）。将制作的产品设计图排版入400mm×400mm的KT板中（建议完成课时：6课时）。
8. 杭州亚运会于2023年9月举行，其会徽代表了新时代中国特色社会主义的发展，也象征亚奥理事会大家庭团结携手，紧密相拥，永远向前。请深入了解本届会徽并思考其所包含的元素及寓意。
9. 请浏览我国政府网页，思考并学习其网页设计及配色，并进行自主设计一组校园官网设计。

参考文献

[1] 郭舒溪. 色彩基础[M]. 北京：中国劳动社会保障出版社. 2014.
[2] [美] 保罗·泽兰斯基，玛丽·帕特·费舍尔. 色彩[M]. 南宁：广西美术出版社，2008.
[3] 盛希希. 设计色彩基础教程[M]. 北京：北京大学出版社，2012.
[4] 史喜珍. 设计色彩[M]. 北京：机械工业出版社，2009.
[5] 陆琦. 从色彩走向设计[M]. 杭州：中国美术学院出版社. 2004
[6] 金纬，袁珑. 色彩写生的画理与画法[M]. 北京：中国建筑工业出版社，2005.
[7] 喻琼，黄海蓉. 色彩的艺术·大师色彩风景[M]. 武汉：湖北美术出版社. 2014.
[8] 朱磊. 设计色彩[M]. 长沙：湖南大学出版社，2015.
[9] 汪臻. 设计色彩[M]. 北京：清华大学出版社，2013.
[10] 刘小超，张天舒. 设计色彩[M]. 天津：天津大学出版社，2015.
[11] 甘兴义. 水彩水粉色彩表现[M]. 武汉：华中科技大学出版社. 2011.
[12] 何海燕. 色彩[M]. 北京：清华大学出版社，2013.
[13] 李广元，初敬业. 色彩[M]. 北京：人民美术出版社，2011.
[14] 殷实. 色彩[M]. 合肥：安徽美术出版社，2011.